Eberhard Hermes

Abiturwissen

Lyrik

Ernst Klett Verlag für Wissen und Bildung
Stuttgart · Dresden

Die Deutsche Bibliothek – CIP-Einheitsaufnahme

Hermes, Eberhard:
Abiturwissen Lyrik / Eberhard Hermes. –
3. Aufl. – Stuttgart; Dresden: Klett, Verlag für Wissen und Bildung, 1991
ISBN 3-12-929523-2

3. Auflage 1991

Gesamtherstellung: Wilhelm Röck, Weinsberg
ISBN 3-12-929523-2

Inhaltsverzeichnis

Zu diesem Buch

Mein Gedicht sagt, was ich weiß.
Es fragt dich, was du weißt.
Ernst Meister

Dieses Buch soll dem Benutzer, der sich – vor allem im Rahmen einer Prüfungsvorbereitung – lesend, verstehend, interpretierend und untersuchend mit lyrischen Texten zu beschäftigen hat, die nötige Hilfe geben. Gedichte gelten ja – im Unterschied zu epischen und dramatischen Texten – als ‚schwierig'. Das liegt daran, daß in ihnen oft mit einem Minimum sprachlicher Zeichen ein Maximum an Mitteilung erstrebt wird, so daß vom Leser eine besondere Mühe der Entschlüsselung gefordert wird, ehe er zum Verständnis gelangt. Er kann sich dabei nicht eines Leitfadens bedienen, wie ihn die anderen Gattungen, z.B. in Form einer zugrundeliegenden Geschichte mit Handlung, Figuren, Schauplatz und Zeitverlauf anbieten, sondern muß einen solchen Leitfaden jedesmal neu aus der besonderen Struktur des einzelnen Gedichts gewinnen. Innerhalb dieser Struktur spielt die sprachlich-stilistische und klanglich-rhythmische Form eine größere Rolle als bei anderen Textarten. Die Vielfältigkeit der Verschlüsselung ist die Ursache für die Mühe der Entschlüsselung. Eine Anleitung dazu kann aber dadurch gegeben werden, daß man möglichst viele Fragen entwickelt, die sich sinnvollerweise an ein Gedicht stellen lassen. Das soll hier geschehen. Die Kenntnis solcher Fragen stellt ein ‚Verfahrenswissen' dar, mit dessen Hilfe der Zugang zum Gedicht und dessen Erschließung in geordneten Schritten vor sich gehen kann. Die ‚Fragen an das Gedicht' sind auf einer besonderen Tafel zusammengestellt. In den einzelnen Kapiteln werden diese Fragen nacheinander entwickelt und an Gedichtbeispielen erprobt. Zur Orientierung innerhalb der geschichtlichen Zusammenhänge, aus denen diese Beispiele verstanden werden müssen, dient eine Zeittafel ‚Epochen deutscher Lyrik'. Zur Auffindung einzelner Begriffserläuterungen dienen das detaillierte Inhaltsverzeichnis und ein Stichwortverzeichnis. Die Gedichtbeispiele lassen sich anhand eines Autorenverzeichnisses auffinden.

Fragen an das Gedicht

(1) Stellung zur Wirklichkeit: Entwirft das Gedicht eine Gegenwelt oder zeigt es die Wirklichkeit, wie sie ist?

(2) Eigenschaften des ‚lyrischen Ich': Spricht es erlebend, reflektierend, appellierend? Repräsentiert es die Gesellschaft, eine Gruppe, seine Individualität? Bedient es sich der herkömmlichen oder einer eigenen Sprache? Ist es wörtlich zu nehmen oder spricht es ironisch? Öffnet es sich dem Leser oder verschließt es sich?

(3) Kriterien der Form: Zeigt das Gedicht ‚stilisierte Knappheit'? Wie dicht ist der Verweisungszusammenhang? Überzeugt die rhythmische und klangliche Gestaltung? Ist es durchgegliedert? Führen die Rezeptionsvorgaben den Leser zum Nachdenken oder Nacherleben?

(4) Bedeutungsgefüge: Welche Bedeutungsübertragungen finden zwischen den Ebenen der Denotationen, der sprachlich-stilistischen und klanglich-rhythmischen Formelemente und der Konnotationen statt? In welcher Weise sind die Konnotationen vom historischen Kontext abhängig?

(5) Klanglich-rhythmische Strukturen: Welche Beobachtungen hinsichtlich Versmaß, Versgrenzen, Enjambement, Zäsuren, Reimschemata, Klangentsprechungen (Assonanzen, Konsonanzen), Strophenbau lassen sich machen?

(6) Stilistische Gestaltung: Welche Wortfiguren, Satzfiguren und Gedankenfiguren werden verwendet?

(7) Inhaltliche Elemente: Welche Idee, welches Thema, welche Stimmung machen den Gehalt des Gedichts aus? Aus welchen Motiven, zeitlosen oder zeitgebundenen, wird er aufgebaut? Mit welchen Bildern werden die Motive ausgeführt?

(8) Bildlichkeit:
Herkunft: Werden vorgeprägte Bilder (Typ: Emblem), Erlebnisbilder (Typ: Symbol) oder sprachlich konzipierte Bilder (Typ: Chiffre) verwendet?

Struktur: Wie sieht die ‚Konterdetermination' durch den Kontext aus? Was läßt sich über Bildfeld, Bildspender und Bildempfänger, Bildspanne sowie verträgliche und unverträgliche Bedeutungsmerkmale der bildtragenden Wörter oder Ausdrücke sagen?

(9) Gattungsmerkmale: Wird liedhaft, hymnisch, lehrhaft oder erzählerisch gesprochen? Handelt es sich um Ballade, Elegie, Epigramm, Lied, Ode, Sonett usw.?

(10) Zusammenhang mit vorliterarischer Lyrik: Gibt es Beziehungen zum Bänkelsang, ‚Hauslyrik', Kinderreim, Parodie, Sprachspiel, Verswitz u.ä.?

(11) Historischer Kontext: Welche Epochenmerkmale liegen vor? Bleibt das Gedicht in einer lyrischen Tradition oder zeigt es neuartige Züge?

1. Was ist Lyrik?

Auf die Frage, was Lyrik sei, läßt sich zunächst damit antworten, daß man ein Beispiel vorweist und dessen Merkmale bestimmt:

Frühlingsglaube

Die linden Lüfte sind erwacht,
Sie säuseln und weben Tag und Nacht,
Sie schaffen an allen Enden.
O frischer Duft, o neuer Klang!
Nun, armes Herze, sei nicht bang!
Nun muß sich alles, alles wenden.

Die Welt wird schöner mit jedem Tag,
Man weiß nicht, was noch werden mag,
Das Blühen will nicht enden.
Es blüht das fernste, tiefste Tal:
Nun, armes Herz, vergiß der Qual!
Nun muß sich alles, alles wenden.

Ludwig Uhland (1787–1862)

In den meisten Ausgaben der Werke deutscher Dichter gibt es ein alphabetisches Verzeichnis der Gedichtanfänge, mit dessen Hilfe man ein bestimmtes Gedicht finden kann, auch wenn man seinen Titel nicht kennt.

In einfacher, volksliedhafter Weise wird in jeder der beiden sechszeiligen Strophen zunächst der Frühling vorgestellt (1–4 und 7–10), dann in einer Wendung nach innen die Chance des Neuanfangs beschworen, die der Frühling – wie für die Natur – auch für den Menschen bedeutet. Diese Wendung hat die Form eines leicht veränderten Refrains (5/6 und 11/12). Die Verse zeigen eine gewisse Regelmäßigkeit, indem sie von dem folgenden Maß nur wenig abweichen:

Uhland war Prof. für deutsche Sprache und Literatur in Tübingen, 1848 liberaler Abgeordneter der Frankfurter Nationalversammlung; von seinen Gedichten wurden einige zu Volksliedern (z. B. „Ich hatt' einen Kameraden"), seine Balladen waren beliebt (z. B. „Bertran de Born", „Schwäbische Kunde" u. a.).

_ ´_ _ ´_ _ ´_ _ ´_

Beide Strophen haben das gleiche Reimschema aabccb („-wacht/Nacht", „Enden/wenden", „Klang/bang"). Die Form des kurzen Textes ist also durch Versmaß, Strophenbau und Reim gekennzeichnet. Der Inhalt ist dadurch bestimmt, daß eine Naturerscheinung (Frühlingsbeginn) und eine menschliche Situation (Mut schöpfen zum Neuanfang) miteinander in Beziehung gesetzt sind. Der Dichter Friedrich Hebbel hat an diesem Beispiel erläutert, was er für „echte Lyrik" hält:

Friedrich Hebbel (1813–1863), Maurersohn, Autodidakt in Hamburg, Wien, bekannt durch seine Dramen, widmete die Gesamtausgabe seiner Gedichte (1857) „Ludwig Uhland, dem ersten Dichter der Gegenwart."

„Was der echten Lyrik vorzüglich im Wege steht, ist der Umstand, daß sie anscheinend immer das Alte, das Gewöhnliche, das längst Bekannte bringt. Wer könnte dem Rezensenten etwas Erkleckliches erwidern, der Uhlands wunderschönes Lied: ‚Die linden Lüfte sind erwacht' mit den Worten abfertigte: was ist denn darin gesagt, als daß alles auf Erden sich ändert, das Schlimme ins Gute, das Gute ins Schlimme, und wer wußte das nicht, bevor er dies Lied in die Hände bekam? Welch hohe Freudigkeit der Seele, welch ein Mut für alle Zukunft im Menschen erwacht, wenn ihm die zwischen den ewigen, den Fundamental-Gefühlen in seinem Innern und den Erscheinungen der Natur bestehende untrennbare Harmonie in klarem Lichte aufgeht, das scheint niemand zu wissen . . ."
(Friedrich Hebbel: Tagebücher, hg. v. Karl Pörnbacher, 3 Bände 1835–43, 1843–47, 1848–63, dtv 5947, München: Deutscher Taschenbuch Verlag 1984, Band 1, S. 205, Nr. 1083).

Hebbel bedauert, daß der Umstand, daß die „echte Lyrik" lauter „alte", „gewöhnliche", „längst bekannte" Themen behandelt, manche Leute davon abhält, die positiven Wirkungen der Gedichtlektüre an sich selbst zu erfahren. Diese Wirkungen bestehen nach seiner Meinung bei dem Uhland-Gedicht in einer „hohen Freudigkeit der Seele" und einem „Mut für alle Zukunft", in die der Leser hineinversetzt wird. Sie kommen dadurch zustande, daß dem Leser die „untrennbare Harmonie" einsichtig wird, die zwischen den „Gefühlen in seinem Innern" und den „Erscheinungen der Natur" besteht. Auf diesen ‚Gefühlswert' der Lyrik kommt es Hebbel an; denn – so schreibt er 1835 –

„Gefühl ist das unmittelbar von innen heraus wirkende Leben. Die Kraft, es zu begrenzen und darzustellen, macht den lyrischen Dichter." (Tagebücher Band 1, S. 26, Nr. 111)

Als Zweck der Lyrik bestimmt er 1838 deshalb:

„Die lyrische Poesie soll das Menschenherz seiner schönsten, edelsten und erhabendsten Gefühle teilhaftig machen. Dies ist die beste Definition." (Tagebücher Band 1, S. 236, Nr. 1307)

Heinrich Heine, aus Düsseldorf, vom jüdischen zum christlichen Glauben übergetreten, Dr. jur., hatte Erfolg mit seiner geistreichen Prosa mit lyrischen Einlagen, lebte ab 1831 in Paris, wo er Karl Marx begegnete, versuchte französische Kultur in Deutschland und deutsche Literatur und Philosophie in Frankreich bekannt zu machen.

Ungefähr zur gleichen Zeit hat Heinrich Heine (1797–1856) ein ganz anderes Verhältnis zur Naturlyrik, wie das folgende Gedicht beweist:

Das Fräulein stand am Meere
Und seufzte lang und bang,
Es rührte sie so sehre
Der Sonnenuntergang.

‚Mein Fräulein! sein Sie munter,
Das ist ein altes Stück;
Hier vorne geht sie unter
Und kehrt von hinten zurück.'

Das fiktive Fräulein in Heines Gedicht wartet auf das Erlebnis, das Hebbel beschrieben hat, nämlich die Harmonie zwischen den Gefühlen in ihrem Innern und der Naturerscheinung. Doch der Sprecher will es ihr ausreden: Es handle sich um ein Klischee, in Wahrheit sei nichts dahinter. An anderer Stelle begründet Heine seine Haltung so:

„Die höchsten Blüten des deutschen Geistes sind die Philosophie und das Lied. Diese Blütezeit ist vorbei, es gehört dazu die idyllische Ruhe; Deutschland ist jetzt fortgerissen in die Bewegung, der Gedanke ist nicht mehr uneigennützig, in seine abstrakte Welt stürzt die rohe Tatsache, der Dampfwagen der Eisenbahn gibt uns eine zittrige Gemütserschütterung, wobei kein Lied aufgehen kann, der Kohlendampf verscheucht die Sangesvögel, und der Gasbeleuchtungsgestank verdirbt die duftige Mondnacht ..." (Heinrich Heine: Die romantische Schule 1836)

Heine spielt hier auf die Philosophie des deutschen Idealismus (Hegel, Fichte, Schelling) an.

Heine stellt hier dem Naturgedicht die gesellschaftliche und ökonomische Wirklichkeit entgegen, die in dem Gedicht von Uhland nicht in der geringsten Andeutung vorhanden war und auch in Hebbels Definition, die nur auf die Harmonie zwischen den Gefühlen und den Naturerscheinungen abgestellt war, keine Rolle spielte. In einem Passus seines ‚Tagebuchs 1946–1949', in dem er von seiner Begegnung mit Bertolt Brecht (1898–1956) berichtet, nimmt Max Frisch (geb. 1911) die Frage nach der „echten Lyrik" wieder auf. Er lehnt Gedichte ab, die „keine sprachliche Durchdringung der Welt, die uns umstellt", leisten, „keine Überwindung" darstellen, sondern „nur Ausflucht – in eine Welt nämlich, die schon gereimt ist". Bei ihrer Lektüre sei eine besondere ‚Stimmung' nötig, die „viele für Innerlichkeit halten".

Max Frisch berichtet an dieser Stelle seines Tagebuchs, wie Brecht in seiner damaligen Züricher Wohnung Freunden seine Gedichte vorlas, und vergleicht diese nüchterne Lesung mit den sonst üblichen feierlichen Lyrik-Vorträgen.

„Das alles ist nicht nötig bei einem wirklichen Gedicht: weil es der Welt, in die es gesprochen wird, standzuhalten vermag; weil es eben diese Welt, ihr nicht ausweichend, sprachlich durchdringt ..." (Max Frisch: Tagebuch 1946–1949, Bibliothek Suhrkamp 261, Frankfurt am Main 1970, S. 221 ff.)

Wie Heine ist auch Frisch der Auffassung, daß die Zeit der „Sangesvögel" vorbei ist, daß die Wirklichkeit unserer Gegenwart „die duftige Mondnacht (verdirbt)", d.h. eine Lyrik nicht mehr zuläßt, die nur die Beziehung zwischen den Gefühlen eines Individuums und der scheinbar heilen Natur kennt. Unter mehreren Brecht-Gedichten zitiert Frisch auch den Anfang des Gedichts ‚An die Nachgeborenen' (1933):

Wirklich, ich lebe in finsteren Zeiten!
Das arglose Wort ist töricht. Eine glatte Stirn
deutet auf Unempfindlichkeit hin. Der Lachende
hat die furchtbare Nachricht
nur noch nicht empfangen.

Was sind das für Zeiten, wo
ein Gespräch über Bäume fast ein Verbrechen ist
weil es ein Schweigen über so viele Untaten einschließt!

Der dort ruhig über die Straße geht
ist wohl nicht mehr erreichbar für seine Freunde
die in Not sind?
(...)

Vgl. das Gedicht von H. Chr. Buch auf S. 24, worin er auf diesen Text von Brecht Bezug nimmt.
Auch Paul Celan hat Brecht geantwortet:
„Was sind das für Zeiten,
wo ein Gespräch
beinah ein Verbrechen ist,
weil es so viel Gesagtes
mit einschließt?"

Mit den Versen 6–8 spielt Brecht auf die Naturlyrik an, für die ‚jetzt' – es ist das Jahr der beginnenden Nazi-Herrschaft, in dem er nach Dänemark emigriert – keine Zeit sei. Der Dichter handelt nun von den „finsteren Zeiten", in denen man nicht töricht, unempfindlich, ahnungslos sein dürfe, Schweigen „ein Verbrechen" sei. Ein solches Gedicht also hält Max Frisch für ein „wirkliches Gedicht", das „der Welt . . . standzuhalten vermag".

Die drei Beispiele erlauben eine vorläufige Antwort auf die Frage ‚Was ist Lyrik?':
- Es gibt einen Gedichttyp, der als „echte Lyrik" gilt. Er zeigt eine bestimmte Form (Versmaß, Reim, Refrain) und einen bestimmten Inhalt (Verknüpfung von Naturerlebnis und Gefühl). Man bezeichnet diesen Typ als ‚Naturgedicht'.
- Es gibt Lyriker, die diese Art von Gedichten für unzeitgemäß halten, weil sie nicht mehr in die veränderte geschichtliche Welt hineinpassen. Deshalb ironisieren sie das Naturgedicht, wie es Heine getan hat. Das ist sozusagen die negative Antwort der Poesie auf die eingetretene Veränderung.
- Später gibt die Poesie auch eine positive Antwort: Der Lyriker nimmt die geschichtliche Gegenwart in sein Gedicht hinein, wie es Brecht macht, indem er vor dem beginnenden politischen Unheil warnt. Das Muster des Naturgedichts aber ist so stark, daß er sich ausdrücklich

davon distanzieren muß. Auch von der liedhaften Form nimmt er Abstand, verzichtet auf einheitliches Versmaß und Reim.

„In meinem Lied ein Reim käme mir fast vor wie Übermut." (Brecht im Exil).

Diesen Befund hat die heutige Literaturwissenschaft folgendermaßen verallgemeinert:

„Vom Naturgedicht wird eine Tradition repräsentiert, die Zeit- und Gesellschaftsenthobenheit von Poesie zur Schau stellt. Sie mystifiziert Lyrik selbst als Natur. Dagegen erhoben Heine und Brecht Einspruch. Sie haben gezeigt, daß diese Tradition im Bereich der Lyrik nicht die einzige und daß ihr Selbstverständnis falsch ist. Sie haben deutlich gemacht, daß Naturlyrik und Gesellschaft in kritischer Konstellation zueinander stehen." (Norbert Mecklenburg [Hg.]: Naturlyrik und Gesellschaft, LGW 31, Stuttgart: Klett-Cotta 1977 S. 9)

In der Antwort, die in den Konversationslexika, z. B. im ‚Großen Brockhaus', und in den Handbüchern, z. B. in Gero von Wilperts ‚Sachwörterbuch der Literatur', auf die Frage ‚Was ist Lyrik?' gegeben wird, kommt ein weiteres Problem hinzu, das den Umfang des Lyrikbegriffs betrifft, die Frage also, was alles ‚Lyrik' heißen soll. Die Darstellungen der Lyrik in diesen Büchern weisen eine Dreigliederung auf:

(1) Zunächst wird immer, um die Herkunft des Lyrik-Begriffs zu erklären, von der antiken Lyrik ausgegangen. In der griechischen Literatur wurden als Lyrik solche Lieder bezeichnet, die man im Sologesang oder mit einem Chor zur Begleitung der ‚Lyra', eines Saiteninstruments, vortrug. Andere Gedichtformen, die wir heute zur Lyrik rechnen, z. B. Hymnen (Lobgesänge), Idyllen (Hirtendichtung), Elegien (Liebeslieder) u. a., fielen nicht unter diesen Begriff.

Griechische Lyrik in deutschen Übertragungen. Eine Auswahl mit Anmerkungen und Nachwort von Walter Marg, Reclam UB 1921, Stuttgart 1964

Die Lyra war mit 5 oder 7 Saiten bespannt, die mit einem Stäbchen aus Holz, Elfenbein o. ä. angerissen oder geschlagen wurden.

Aus der antiken Tradition, die dem Abendland von den Römern vermacht wurde, stammen einige Merkmale, die auch heute noch für die Gattung kennzeichnend sind:
- griechisch-römische Versmaße wie Jambus, Trochäus u. a. sowie antike Strophenformen, z. B. Ode und Distichon,
- die enge Verbindung von Wort und Musik, also die Vertonung bzw. Vertonbarkeit von Gedichten,
- die Rezeption lyrischer Texte durch Zuhören und Mitsingen statt durch bloßes Lesen und schließlich
- eine Reihe traditioneller Themen und Motive (Natur, Liebe, Freundschaft, Krieg, Gott, Staat u. a.) sowie stilistischer Muster (Chiasmus, Anapher, Hyperbel u. v. a.).

(2) In einem mittleren Teil wird die neuzeitliche Entwicklung zusammengefaßt, wobei der Schwerpunkt auf dem 17. und 18. Jahrhundert liegt. Hier werden zwei wichtige Veränderungen hervorgehoben:

- Im Laufe dieser Zeit findet eine Ausweitung des Lyrik-Begriffs statt. Während im ‚Buch von der deutschen Poeterey' (1624) Martin Opitz den Begriff – wie es die Antike getan hatte – auf Gedichte beschränkte, „die man zur Musik sonderlich gebrauchen kann", spricht der alte Goethe 1819 wie selbstverständlich von den drei „Naturformen" der Dichtung, nämlich Epos, Lyrik und Drama. Nun fallen unter den Begriff nicht nur liedartige Gedichte, sondern auch erzählende (z. B. Balladen), gedankliche (Elegien) und satirische (Epigramm) Formen.
- Gleichzeitig wandelt sich die Auffassung vom dichterischen Schaffensprozeß und – im Zusammenhang damit – vom idealen Gedicht. Gemäß der antiken Tradition hatte man von der Renaissance bis zur Aufklärung das Dichten als eine kunstvolle Anwendung poetischer Regeln angesehen. Nunmehr versteht der Dichter sich als ‚Genie', das nicht die Natur abbildet, nicht ‚nach der Natur' arbeitet, sondern ‚wie die Natur', d. h. ‚schöpferisch'. Im Gedicht aber kommt es nicht mehr darauf an, einen Gegenstand nach Regeln abzuhandeln, sondern ein individuelles Erlebnis sprachlich zu gestalten. Da Empfindungen zu haben, die erste Voraussetzung dazu darstellt, wird Lyrik nun zur ‚Gefühlspoesie'. Weil weiterhin dem Naturbild die besondere Fähigkeit zugetraut wird, als Symbol des Menschlichen zu dienen, ist das Naturgedicht der bevorzugte Gedichttypus.

Klaus Müller-Dyes: Literarische Gattungen. Lyrik, Epik, Dramatik, Freiburg: Herder 1978

Goethe am 21. 12. 1831 zu Eckermann: „Die Gesetze der Poesie und Malerei sind ... bis auf einen gewissen Grad mitzuteilen, allein um ein guter Poet und Maler zu sein, bedarf es Genie, das sich nicht überliefern läßt."

In der Epoche der ‚Empfindsamkeit' (vgl. S. 116 ff.) hatten bürgerliche Autoren und Leser ihre ‚Gefühlskultur' als eine „Aufklärung der Empfindungen mit Hilfe der Vernunft gegen die Welt des Adels und des Hofes gestellt, deren Sitten sie als unnatürlich und verlogen ansahen.

(3) In einem dritten Teil der Abhandlung des Stichworts ‚Lyrik' versucht man, die vielen unterschiedlichen Ausprägungen der modernen Lyrik durch eine gemeinsame Kennzeichnung zu erfassen. Das ist deshalb so schwierig geworden, weil nun viele Merkmale weggefallen sind, die der Lyrik aufgrund der tradierten Formen und Inhalte von der Antike bis in unser Jahrhundert noch eigentümlich gewesen sind:

- Es gibt nun Gedichte, die man nicht mehr singen, sondern nur noch lesen kann;
- viele Gedichte haben kein Versmaß, keinen Reim mehr, sehen aus wie Prosa, die man in Zeilen abgeteilt hat;

Im Vorwort zum ‚Museum der modernen Poesie' (München 1964, S. 14) nennt Hans Magnus Enzensberger als Merkmale moderner Lyrik: „Montage und Ambiguität; Brechung und Umfunktionierung des Reimes; Dissonanz und Absurdität; ... unregelmäßige Rhythmen; Anspielung und Verdunklung; ... Erfindung neuartiger metaphorischer Mechanismen; ... Erprobung neuer syntaktischer Verfahren ..."

– schließlich begegnen Gedichte, die nur noch eine ‚Schrumpfform' von Sprache darstellen und lediglich mit ihrem Lautmaterial spielen, z. B.:

perfektion

e
ee
eei
eeio

p
pr
prf
prfk
prfkt
prfktn

ep
eepr
eeiprf
eeioprfk
eeioprfkt
eeioprfktn

pe
pree
prfeei
prfkeeio
prfkteeio
prfktneeio

prfkteneio
prfketneio
prfektneio
prefktneio
perfktneio

perfktenio
perfketnio
perfektnio

perfektino
perfektion

Ernst Jandl (geb. 1925)

Jandl, Gymnasiallehrer aus Wien, verfaßt u. a. ‚Sprechgedichte', die er selbst vorträgt. In ihnen entstehen durch Reduktionen, Mutationen, Erweiterungen, Wiederholungen, Dehnungen usw. der Wörter und Formen überraschende Lauteffekte.

Zunächst wird das Lautmaterial für das Wort ‚Perfektion' bereitgestellt, zuerst die Vokale (1–4), dann die Konsonanten (5–10). Dann werden diese beiden Gruppen kombiniert, zuerst in der Reihenfolge ‚Vokale–Konsonanten' (11–16), später umgekehrt (17–22), wie es das Wort erfordert. In einer dritten Phase werden die Konsonanten und Vokale (22: prfktn und eeio) schrittweise miteinander so vermischt, daß am Ende das Wort ‚Perfektion' steht (32). Das Verfahren des Dichters macht anschaulich, was ‚Perfektion' ist!

In dieser Übersicht sind die beiden Probleme, die sich der Definition von Lyrik stellen, so gelöst, daß die Vorherrschaft des Naturgedichts historisch erklärt wird und all die vielen unterschiedlichen Erscheinungsformen moderner Lyrik auf einen gemeinsamen Nenner gebracht werden: Einen solchen hat man in der Intention der Dichter gefunden, welche – wie es der ‚Große Brockhaus' formuliert – bestrebt seien, die „geistig-seelische Situation des Menschen in der modernen Welt auszudrücken". Gleichwohl räumen die Literaturwissenschaftler ein, daß es schwierig sei, die Frage ‚Was ist Lyrik' zu beantworten:

Das Problem einer Definition von ‚Lyrik‘

„Die empfindsame Verengung der Lyrik auf ‚Empfindungen‘ und die Ausweitung zur dritten Großgattung, die auch nicht Gefühliges einschließt, gingen also paradoxerweise Hand in Hand. Die Kluft zwischen der Lyrik im engeren Sinne der Gefühlspoesie und der Lyrik im weiteren Sinne der dritten Gattung belastet die Begriffsdiskussion bis heute.“ (Bernhard Asmuth: Das gedankliche Gedicht, in: Gerhard Köpf [Hg.]: Neun Kapitel Lyrik, Paderborn: Schöningh 1984, S. 15)

Aufgesang: aus dem Meistersang stammende Bezeichnung für den ersten, längeren Teil der sog. Meistersangstrophe, bildet Gegensatz zum kürzeren Abgesang.

Das Bild von der Lyrik, das die Lexika und Handbücher bieten, ist immer noch am Ideal des klassisch-romantischen Erlebnisgedichts mit seiner Bevorzugung des Naturthemas orientiert. Der erste Teil der Darstellung mit den Bemerkungen zur Herkunft der Lyrik ist lediglich der ‚Aufgesang‘, der dritte mit dem Versuch, die Lyrik der Moderne auf einen Nenner zu bringen, der ‚Abgesang‘ zu jenem Mittelteil, der auf Goethe, Hölderlin, Eichendorff usw. hinführt. Und das Beispiel des Lautgedichts von Ernst Jandl zeigt, daß der gemeinsame Nenner nicht auf alle Lyrikformen der Gegenwart paßt.

Unter dem Begriff der ‚literarischen Gebrauchs-‘ bzw. ‚Zweckformen‘ wird sehr Verschiedenartiges zusammengefaßt, je nach der Auffassung, die man von ‚literarisch‘, von ‚Gebrauch‘ bzw. ‚Zweck‘ sowie von ‚Form‘ hat. „Die gerade für diese Texte zentrale Frage nach dem Verhältnis von ästhetischer Funktion und Gebrauchsfunktion ist bisher kaum gestellt worden.“ (Horst Belke: Literarische Gebrauchsformen, Düsseldorf: Bertelsmann 1973, S. 7)

Gibt es etwas, das in den gängigen Darstellungen der Lyrik überhaupt nicht erfaßt wird? Was fehlt, ist sozusagen der ‚Lebensuntergrund‘, auf dem das lyrische Sprachkunstwerk der jeweiligen Epoche aufruht. Zu reimen und die Sprache in ein rhythmisches Muster zu bringen, ist ja ein Grundbedürfnis des Menschen, das sich allenthalben zeigt, angefangen von Kinderabzählreimen über die Begleitung gemeinsamen Tuns durch Arbeitslieder bis hin zu festlichen Gesängen und Gedichten, mit denen herausgehobene Daseinsereignisse wie Hochzeit, Taufe, Gottesdienst, Fürstenempfang usw. geschmückt werden. Diese Gebrauchslyrik war bis weit in die Neuzeit hinein eine Selbstverständlichkeit, oft als Auftragsdichtung von eigens hierfür angestellten Dichtern verfaßt. Sie läßt sich bis weit in die Antike zurückverfolgen, in der z.B. die Festgedichte berühmt waren, die der Dichter Pindar (ca. 520 – ca. 446 vor Chr.) auf Bestellung für die Sieger bei den olympischen und anderen Wettkämpfen verfaßt hat. Gebrauchslyrik haben auch die großen Dichter der klassisch-romantischen Schule gemacht, so z.B. Eduard Mörike (1804–1875), als er sich bei „Herrn Bibliothekar Adelb. v. Keller bei verspäteter Zurücksendung einer Ausgabe des Catullus“ entschuldigen wollte:

Martin Opitz rechnet im ‚Buch von der Deutschen Poeterey‘ (1624) „allerlei geistliche und weltliche Gedichte, als da sind Hochzeit- und Geburtlieder, Glückwünschungen nach ausgestandener Krankheit, item auf Reisen oder auf die Zurückkunft von denselben und dergleichen“, zu den „Gelegenheitsgedichten“.

Das Buch

Da bin ich endlich! – Blicke nicht so streng, o Herr!
Wie? oder wäre, was verlautet, wirklich wahr,
Du wärst uns ernstlich böse? Nun, so höre mich:
Zwar nahezu zwei Jährchen blieb ich aus; jedoch
Nicht schmutziger, bei meiner Ehre, komm' ich heim,
Als ich, dem Zeugnis aller Grazien gemäß
(Die mir gleichwohl bei jeder Zeile lächelten),
Von jeher war. Auch hattest du mich eben nicht
So groß vonnöten, wenn ich's redlich sagen darf,
Denn über eine ganze Welt von Büchern ja
Bist du Gebieter, der mit jeglichem vertraut
In seiner eignen Sprache zu verkehren weiß.
(...)
Darum vergib dem Manne, der so lang' mich hielt
Und, hoch dich achtend, ungern dich beleidigt weiß.
Indem er herzlich danken möchte und der Schein
Des Undanks ihm das beste Wort verkümmern will,
Hat er, o glaub's, den Fehler schon genug gebüßt.

Die einfache, schmucklose Rede ist in jambische Trimeter gesetzt, d. h. Verse, in denen dreimal das Muster – –́ – –́ wiederkehrt, und dem zurückkehrenden Buch in den Mund gelegt, das Mörikes Entschuldigung überbringt. Es handelt sich also um ein Rollengedicht, d. h. das ‚lyrische Ich' schlüpft in die ‚Rolle' des Buches.

Mörike war von 1834 an Pfarrer in Cleversulzbach, später von 1851 bis 1866 Literaturlehrer in Stuttgart; er lebte abgewandt von den Problemen der Zeit, in einen engen Lebensraum eingesponnen, mit einem Blick für die Schönheit der kleinen Dinge, die er in seinen Gedichten besang (z. B. ‚Auf eine Lampe': „Was aber schön ist, selig scheint es in ihm selbst").

Die Erkenntnis, daß das Verständnis von Lyrik nicht bloß am klassisch-romantischen Naturgedicht festgemacht werden darf und daß Naturlyrik und Gesellschaft in Spannung zueinander stehen, hat dazu geführt, daß man heute Gedichte aus dem 18. und 19. Jahrhundert anders liest als früher, mit mehr Aufmerksamkeit für eben jene Spannung. Ein Beispiel bietet Goethes ‚Nachtlied', das er am 6. 9. 1780 an die Hüttenwand auf dem Gickelhahn, einem Berg des Thüringer Waldes bei Ilmenau, geschrieben hat:

Über allen Gipfeln
ist Ruh,
in allen Wipfeln
spürest du
kaum einen Hauch;
die Vöglein schweigen im Walde.
Warte nur, balde
ruhest du auch.

Generationen haben nur die Ruhe nachempfunden, von der das Gedicht spricht, nicht aber die Spannung, aus der heraus Goethe die Wanderung unternommen hatte, „um dem Wuste des Städtchens, den Klagen, dem Verlangen, der unverbesserlichen Verworrenheit der Menschen“ für eine Weile zu entgehen, wie er im Tagebuch notiert. Das ‚lyrische Ich‘ spricht zu sich selbst von der Abendruhe hoch über dem Tal, fast beschwörend, um zur Ruhe zu kommen. Vor allem der Schlußsatz (7/8) macht die Ruhe der Natur zum Gegenbild der unruhigen Menschenwelt, der Gesellschaft:

„Das Ich, das in Lyrik laut wird, ist eines, das sich als dem Kollektiv, der Objektivität Entgegengesetztes bestimmt und ausdrückt; mit der Natur, auf die sein Ausdruck sich bezieht, ist es nicht unvermittelt eins. Es hat sie gleichsam verloren und trachtet, sie durch Beseelung, durch Versenkung ins Ich selber, wiederherzustellen. Erst durch Vermenschlichung soll der Natur das Recht abermals zugebracht werden, das menschliche Naturbeherrschung ihr entzog. Selbst lyrische Gebilde, in die kein Rest des konventionellen und gegenständlichen Daseins, keine krude Stofflichkeit mehr hineinragt, die höchsten, die unsere Sprache kennt, verdanken ihre Würde gerade der Kraft, mit der in ihnen das Ich den Schein der Natur, zurücktretend von der Entfremdung, erweckt. Ihre reine Subjektivität, das, was bruchlos und harmonisch an ihnen dünkt, zeugt vom Gegenteil, vom Leiden am subjektfremden Dasein ebenso wie von der Liebe dazu – ja ihre Harmonie ist eigentlich nichts anderes als das Ineinanderstimmen solchen Leidens und solcher Liebe. Noch das ‚warte nur, balde/ruhest du auch‘ hat die Gebärde des Trostes: seine abgründige Schönheit ist nicht zu trennen von dem, was sie verschweigt, der Vorstellung einer Welt, die den Frieden verweigert. Einzig indem der Ton des Gedichts mit der Trauer darüber mitfühlt, hält er fest, daß doch Friede sei . . .“
(Theodor W. Adorno: Rede über Lyrik und Gesellschaft, in: Noten zur Literatur I, Frankfurt am Main: Suhrkamp 1958)

Theodor W. Adorno (1903–1969), Philosoph und Soziologe, betont die negative Macht der Tradition und den Anpassungszwang der Gesellschaft, in der nur die Negation für die Kunst wesentlich sei, welche den Entwurf einer Gegenwelt hervorbringe.

2. Das sogenannte ‚lyrische Ich'

In dem Text von Theodor W. Adorno (1903–1969) war die Rede von dem „Ich, das in Lyrik laut wird". Was ist damit gemeint?
Die Ausweitung des Lyrik-Begriffs zur Bezeichnung der dritten Dichtungsgattung neben Epos und Drama hatte zur Folge, daß man nun die drei Gattungen durch globale Kennzeichnungen ihrer Eigenart voneinander zu unterscheiden versuchte. Die vor 200 Jahren getroffene Unterscheidung ist bis heute fast unangefochten in Geltung und lautet etwa folgendermaßen:

„Ob ein Werk zur Lyrik, Epik oder Dramatik gehört, wird gewöhnlich nicht zweifelhaft sein. Die Zugehörigkeit ist durch die Form bedingt, in der das Kunstwerk sich darstellt. Wo uns etwas erzählt wird, da handelt es sich um Epik, wo verkleidete Menschen auf einem Schauplatz etwas agieren, um Dramatik, und wo ein Zustand empfunden und von einem ‚Ich' ausgesprochen wird, um Lyrik." (Wolfgang Kayser: Das sprachliche Kunstwerk, 19. Aufl. Bern: Francke 1983 (zuerst 1948), S. 332)

Kaysers Standardwerk hat mit seinen vielen Auflagen die Vorstellungen mehrerer Generationen von Germanisten über das, was Lyrik sei, geprägt.

Entscheidend war bei dieser Kennzeichnung der Gattungen nach ihrer Darstellungsform also das ‚Redekriterium', wie man damals sagte, d.h. die Unterscheidung, daß in der Epik erzählte Figuren und ein Erzähler reden, der berichtet, was die Figuren denken, fühlen, tun usw., daß im Drama erfundene Figuren auf einer Bühne miteinander reden, daß aber in der Lyrik der Autor selber redet, eben in der Gestalt eines ‚lyrischen Ich', die er im Gedicht annimmt.
Von der Aussagestruktur der Sprache ausgehend, hat Käte Hamburger die Leistung dieses ‚lyrischen Ich' dahingehend erläutert, daß es sein Erlebnis eines Gegenstandes und nicht etwa den Gegenstand seines Erlebnisses zur Sprache bringe. Auf diese Weise ist sie zu einer Abgrenzung der Lyrik sowohl von den fiktionalen Gattungen Epos und Drama wie auch von den nichtliterarischen Texten gekommen. Von den epischen und dramatischen Texten unterscheide sich die Lyrik dadurch, daß sie es mit Gegenständen der konkreten Wirklichkeit zu tun habe und nicht der Hervorbringung fiktionaler Gegenstände diene. Von den nichtliterarischen Texten sei die Lyrik aber dadurch zu unterscheiden, daß jene das Aussagesubjekt in praktischer Tätigkeit und Handlung zeig-

Käte Hamburger: Die Logik der Logik, Ungekürzte Ausgabe nach der 3. Aufl. 1977, Klett-Cotta im Ullstein Taschenbuch 39007, Frankfurt am Main 1980 (zuerst 1957 bei Klett), ist eine sprachtheoretisch begründete Gattungslehre.

ten, während diese ihre Wirklichkeitsaussage auf das „Erlebnisfeld“ des Subjekts beschränke, d.h. das Aussagesubjekt spricht nicht in den Rollen, die es in praktischen Handlungszusammenhängen ausübt, z.B. als Berichterstatter, als Lehrer, als Briefpartner o.ä., sondern in der Rolle des ‚lyrischen Ich‘. Wir wollen diese Unterscheidung an Beispielen erproben. Von Eduard Mörike (1804–1875) stammt das folgende kurze Gedicht.

Er ist's

Frühling läßt sein blaues Band
Wieder flattern durch die Lüfte;
Süße, wohlbekannte Düfte
Streifen ahnungsvoll das Land.

Veilchen träumen schon,
Wollen balde kommen.
– Horch, von fern ein leiser Harfenton!
Frühling, ja, du bist's!
Dich hab' ich vernommen!

Vgl. die Frühlingsgedichte von Uhland S. 7, Krolow S. 23 (der sich auf Mörikes Text bezieht), Goethe S. 120, Klopstock S. 55f. und Walther von der Vogelweide S. 104

Der Gegenstandsbezug ist deutlich: Vom kommenden Frühling ist die Rede, sein Nahen wird angedeutet („ahnungsvoll“ 4, „schon“ 5, „balde“ 6). Doch wird mit ihm eine Vorstellung verbunden, die nicht zur durchschnittlichen Rede vom Frühling gehört: ein blaues, durch die Lüfte flatterndes Band. Es flattert nicht von selbst, sondern „Frühling“ – die Weglassung des Artikels macht einen Eigennamen daraus, ‚personifiziert‘ ihn – „läßt“ es „wieder flattern“. Die „Düfte“ geben einen Eindruck wieder, den der Leser schon eher nachvollziehen kann. Auch die Wörter „wieder“ (2) und „wohlbekannte“ (3) gehören in die Reihe, mit der das Nahen angedeutet wird. Das ‚lyrische Ich‘ freut sich auf das Wiedersehen mit dem lange ersehnten Frühling. Wie dieser selbst, werden auch seine Boten personifiziert, wie menschliche Wesen gesehen: „Veilchen träumen“ (5), „wollen . . . kommen“ (6). Dem visuellen („Band“) und dem Geruchseindruck („Düfte“) wird nun noch eine akustische Empfindung zugefügt: „ein leiser Harfenton“ (7). Auch hier wird eine Vorstellung gewählt, die nicht dem üblichen akustischen Frühlingserlebnis entspricht, z.B. das Vogelzwitschern, sondern eine solche, die der Personifikation des Ersehnten dient: Er spielt Harfe. Alles in allem erfährt der Leser kaum etwas über den realen Gegenstand ‚Frühlingsnahen‘, insofern er Autor und Leser gemeinsam ist, sondern

er erfährt etwas über das Erlebnis des Frühlingnahens, welches das ‚lyrische Ich‘ zum Ausdruck bringen will. Der Leser vollzieht zwar einen Gegenstandsbezug nach, doch führt ihn das Gedicht von den konkreten Naturerscheinungen fort in einen Sinnzusammenhang hinein, der durch die Bedeutung bestimmt ist, die der Gegenstand für das ‚lyrische Ich‘ hat: Die Vorfreude auf den sich ankündigenden Frühling.
In der Novelle ‚Die mißbrauchten Liebesbriefe‘ von Gottfried Keller (1819–1890) berichtet der Erzähler von einer vergleichbaren Frühlingserwartung der weiblichen Hauptfigur:

> Gritli... verbrachte den Rest des Winters in größter Stille; aber der Schnee schien ihr nicht weichen zu wollen und sie schwankte manchmal, ob sie die Probe überhaupt anstellen und nicht lieber die Sache gleich zu Ende führen wolle. Da kam endlich der gewaltige Südwind und goß seine warmen Regenfluten schief über Berg und Tal hin. In eilender Flucht schmolzen die Schneemassen und Wasser sprangen von allen Abhängen, lachend und redend und singend mit tausend Zungen. Gritli lauschte dem Klingen, als ob es ein Hochzeitgeläute wäre. Sobald die nächste Wiese trocken war, lief sie hinaus, um nach den Veilchen zu sehen; sie fand keines, dafür aber einige Schneeglöckchen, und als sie zurückkam, war dennoch die Freundin angekommen mit einem großen Koffer, worin sie das nötige Handwerkszeug für ihr Vorhaben mitbrachte.

Gottfried Keller: Die Leute von Seldwyla, dtv 2030, München: Deutscher Taschenbuch Verlag 1978, S. 410f.

Die Handlung hat drei Teile: Zuerst benutzt Gritli das Talent des jungen Schulmeisters, um ihrem auf Reisen befindlichen Mann die verlangten Liebesbriefe schicken zu können. Dann entdeckt dieser nach seiner Rückkehr das ‚Übungsmaterial‘ durch einen Zufall, mißdeutet Gritlis Verhältnis zu dem Schulmeister und läßt sich scheiden. Der dritte Teil erzählt schließlich, wie die beiden durch das bisherige Geschehen Benachteiligten in Liebe zusammenfinden.

Das Vorhaben besteht darin, daß Gritlis Freundin unter einem Vorwande zu ihrem geliebten Schulmeister ins Rebhäuschen gehen soll, um ihn auf die Probe zu stellen und in Erfahrung zu bringen, ob er Gritli tatsächlich liebe. Die Probe verläuft zu Gritlis Zufriedenheit, und im Mai wird Hochzeit gefeiert. Der Unterschied zu dem Gedicht Mörikes liegt darin, daß die Frühlingserwartung hier Teil einer fiktiven Handlung ist und vom Erzähler als innerer Vorgang einer erfundenen Figur berichtet wird.
Im Drama wiederum äußern sich die fiktiven Figuren unmittelbar ohne die Vermittlung eines Erzählers, der über ihre inneren Vorgänge berichten könnte, z. B. redet Faust zu Wagner auf dem Osterspaziergang über den Frühling folgendermaßen:

Vom Eise befreit sind Strom und Bäche
Durch des Frühlings holden, belebenden Blick;
Im Tale grünet Hoffnungsglück;
Der alte Winter, in seiner Schwäche,
Zog sich in rauhe Berge zurück.
Von dort her sendet er, fliehend, nur
Ohnmächtige Schauer körnigen Eises
In Streifen über die grünende Flur;
Aber die Sonne duldet kein Weißes:
Überall regt sich Bildung und Streben,
Alles will sie mit Farben beleben;
Doch an Blumen fehlt's im Revier,
Sie nimmt geputzte Menschen dafür.
Kehre dich um, von diesen Höhen
Nach der Stadt zurückzusehen.
Aus dem hohlen finstern Tor
Dringt ein buntes Gewimmel hervor...

Goethe, Faust I, 903–919, um 1800

Das Motiv von Vers 11 („Alles ... mit Farben beleben") wird von Karl Krolow in seinem Frühlingsgedicht S. 23 aufgenommen („Die Leute streichen ... an" 5/6, 14–16).

Zunächst könnte man meinen, ein lyrisches Bild des Frühlings vor sich zu haben. Doch dann – spätestens bei der Aufforderung Fausts an Wagner, zur Stadt zurückzuschauen (14/15) – wird deutlich, daß der Sprechende hier dem Leser das Szenenbild vor Augen stellt, den Schauplatz des dramatischen Geschehens zeigt, auf dem über das erste zarte Grün hin (3, 8) noch Graupelschauer hinziehen (6–8) und die Farben vor allem von menschlicher Kleidung stammen (11–13, 17). Auch hier dient also die Rede vom Frühling der Hervorbringung der fiktionalen Welt, von der die Dichtung handelt. Im Unterschied zu den fiktionalen Gattungen Epos und Drama haben nichtfiktionale und nichtliterarische Texte mit der Lyrik das Aussagesubjekt gemeinsam, das von der tatsächlichen Wirklichkeit spricht, wie es in dem folgenden Beispiel geschieht:

Das Buch enthält einen Augenzeugenbericht von der Einnahme Königsbergs durch die Russen 1945, dem sich das Tagebuch anschließt.

Und wieder hält mit Macht der Frühling seinen Einzug. Die Nacht vom 23. zum 24. März war erfüllt von dem Pfeifen und Schwirren zahlloser Flügel, am Morgen singen die Stare von den Dächern, Enten und Tauben streichen über den See, und am jenseitigen Ufer sieht man Kiebitze im Balzflug taumeln. Zusehends schmilzt das Eis. In der Mittagssonne wagen sich die ersten Schmetterlinge hervor. Auf einen Ruck ist die Temperatur um zwanzig Grad gestiegen.

Hans Graf von Lehndorff: Ostpreußisches Tagebuch, München: dtv 416, 1975, S. 279

Der Bericht bezieht sich auf einen ganz bestimmten Frühlingstag, den 24. 3. 1947, und einen ganz bestimmten Ort im südlichen Ostpreußen (eine Karte ist beigefügt). Der Gegenstandsbezug ist sozusagen empirisch nachweisbar. Der Autor schreibt in der Rolle des Berichterstatters, der zwar auch zum Ausdruck bringt, welche Bedeutung die Dinge für ihn gehabt haben („Es ist eine Gnade, noch einmal das Erwachen der Natur so miterleben zu dürfen", heißt es zwei Zeilen weiter), doch immer an den ‚Objektpol' – wie Käte Hamburger sich ausdrückt –, d.h. an den „Gegenstand seines Erlebnisses" gebunden bleibt. Im Unterschied dazu kann sich das ‚lyrische Ich' im Gedicht ganz dem ‚Subjektpol' widmen, d.h. sich auf das „Erlebnis des Gegenstandes" konzentrieren.

Nun gibt es auch Gedichte, die sich an der Grenze zu den fiktionalen Gattungen befinden (das Erzählgedicht steht der Epik, das Rollengedicht dem Drama nahe), und solche, die Berührungspunkte mit nichtliterarischen Sachtexten haben (das Lehrgedicht, die Gedankenlyrik neigt mehr dem ‚Objektpol' der Aussage zu). Daher müssen wir bei unserer Übersicht auch ‚Übergangszonen' berücksichtigen:

„Das bedeutet, daß die Aussagen aus dem Objektpol fort in die Sphäre des Subjektpols hineingezogen sind. Dieser Prozeß aber ist es, der das lyrische Kunstgebilde hervorbringt. Es entsteht dadurch, daß sich die Aussagen zueinander ordnen, gelenkt von dem Sinn, den das lyrische Ich mit ihnen ausdrücken will." (Käte Hamburger, a.a.O. S. 220)

Nichtfiktionale Texte: Sachtexte, Berichte, expositorische Texte, Lehrbücher u.v.a.	Orientierung der Aussage an realen Gegenständen
↑ Lehrgedicht, Gedankenlyrik ↑ Lyrische Texte: Subjektive Aussage eines ‚lyrischen Ich' ↓ Erzählgedicht, Ballade, Rollengedicht ↓	Zurücknahme der Aussage aus dem Objektpol in den Subjektpol
Fiktionale Texte: Erzählende Texte (Epik), dramatische Texte	Orientierung der Aussage an fiktionalen Gegenständen

Wenn wir die oben erwähnte ‚Gelegenheitsdichtung', d.h. Gebrauchs- und Auftragslyrik, unberücksichtigt lassen, in der der Dichter sich ganz dem Zweck unterordnet

und nach vorliegenden Mustern arbeitet, können wir davon ausgehen, daß Gedichte immer geformte Aussagen eines ‚lyrischen Ich' darstellen. Nun ist aber das Persönlichkeitsbewußtsein von Epoche zu Epoche und auch bei den einzelnen Dichtern unterschiedlich ausgebildet, je nachdem, ob bei ihnen ein Prozeß der Individualisierung stattgefunden hat. So finden wir verschiedene Ausprägungen des ‚lyrischen Ich'.
Der ‚Sommer-Gesang' von Paul Gerhardt (1607–1676), von dem wir die ersten beiden Strophen zitieren, zeigt dieses Ich noch im Einverständnis mit seiner Gesellschaft. Es hat sich noch nicht – um Adornos Worte aufzugreifen – als ein „dem Kollektiv, der Objektivität Entgegengesetztes bestimmt", sondern bringt ein konventionelles Lebensgefühl auf konventionelle Weise zum Ausdruck:

Geh aus mein Hertz und suche Freud
In dieser lieben Sommerzeit
  An deines Gottes Gaben:
Schau an der schönen Garten-Zier /
Und siehe wie sie mir und dir
  Sich ausgeschmücket habe.

Die Bäume stehen voller Laub /
Das Erdreich decket seinen Staub /
  Mit einem grünen Kleide:
Narcissus und die Tulipan
Die ziehen sich viel schöner an
  Als Salomonis Seyde...

Anrede an das eigene Herz z. B. bei Paul Celan S. 141

In der Antike nannte man diesen Topos (lat. ‚locus communis', dt. ‚Gemeinplatz', d. h. eine vorgeprägte Ausdrucksweise) einfach ‚locus amoenus', das ist soviel wie ‚schöne Landschaft'.

Das Gedicht beginnt mit einem uralten, bis heute geläufigen Topos, der Anrede des ‚lyrischen Ich' an sein Herz, wobei mit dem ‚Du' zugleich der Leser angesprochen wird, denn die Einleitungsstrophe dient nach den Regeln der Poetik dazu, nicht nur das Thema anzuzeigen (Schönheit des Sommers als Gottesgabe), sondern auch die Beziehung zum Leser herzustellen. Mit der zweiten Strophe beginnt dann die Ausführung des Themas, indem alle Requisiten der Sommerlandschaft aufgereiht werden, die sich seit der Antike in dem allgemeinen Bildervorrat der Lyrik finden. Die Verse 11/12 sind eine Anspielung auf die Bibel (NT, Matth 6,29: „... daß auch Salomon in aller seiner Herrlichkeit nicht bekleidet gewesen wie derselben eine").

Auf der anderen Seite kann das ‚lyrische Ich' gegen die Konvention rebellieren, wie es Karl Krolow (geb. 1915) in dem folgenden Text tut:

Karl Krolow, Studium der Germanistik, Romanistik u. a., lebt in Darmstadt, begann mit Naturlyrik, behandelte dann in einem nüchtern-spröden Stil Zeitprobleme, darunter die Sprachnot des Dichters (vgl. S. 25); Nachdichtungen französischer und spanischer Lyrik.

Neues Wesen

Blau kommt auf
wie Mörikes leiser Harfenton.
Immer wieder
wird das so sein.
Die Leute streichen
ihre Häuser an.
Auf die verschiedenen Wände
scheint Sonne.
Jeder erwartet das.
Frühling, ja, du bist's!
Man kann das nachlesen.
Die grüne Hecke ist ein Zitat
aus einem unbekannten Dichter.
Die Leute streichen auch
ihre Familien an, die Autos,
die Boote.
Ihr neues Wesen
gefällt allgemein.

Um das Gedicht zu verstehen, muß man Mörikes „Er ist's" vor Augen haben, das „blaue Band" (1), den „leisen Harfenton" (7), den jubelnden Ausruf (8), die hier in den Versen 1, 2 und 10 zitiert werden. Dem dort gestalteten Erlebnis der Frühlingserwartung setzt Krolow hier die ewig gleiche („immer wieder" 3), banale Geschäftigkeit entgegen, mit der „die Leute" (5, 14) sich herausputzen und alles anstreichen, sobald die Frühlingssonne scheint. Das ist nicht gegen Mörike gerichtet, kein Vorwurf, daß er sich Illusionen über den Frühling gemacht habe. Vielmehr macht hier das ‚lyrische Ich' auf die Tatsache aufmerksam, daß „die Leute" gar nicht mehr zu einem spontanen Erlebnis des Frühlingserwachens fähig seien, weil die Tradition des Naturgedichts aus der Zeit um 1800 mit ihrer „Zeit- und Gesellschaftsenthobenheit" ihnen Erlebnismuster vorgibt, die rein literarisch bleiben („Man kann das nachlesen" 11) und nichts mit ihrer Welt zu tun haben, mit Max Frisch gesprochen: ihrer Welt nicht „standzuhalten" vermögen. Das sagt Krolow nicht explizit, bleibt vielmehr in ironischer Distanz und konfrontiert lediglich den literarischen Frühling mit der wiederkehrenden Frühlingsgeschäftigkeit ‚der Leute'.

Das zitierte Mörikegedicht auf S. 18.

Zu diesem Problem des Naturgedichts vgl. den Text von Mecklenburg auf S. 11.

Hans Christoph Buch, Studium der Germanistik und Slawistik, lebt als Verlagslektor und Schriftsteller in Berlin und Gorleben, geprägt vom Erlebnis der Studentenbewegung von 1968.

Das Gedicht von Brecht findet sich auf S. 10.

Das ‚lyrische Ich' kann auch direkter werden und die Rolle eines Lehrers annehmen, der die Antwort selbst gibt und sie nicht dem Leser überläßt. So bezieht sich Hans Christoph Buch (geb. 1944) auf Brechts Gedicht ‚An die Nachgeborenen' und verkündet, indem er dessen Frage umkehrt, das Ende der traditionellen Naturlyrik:

Was ist geschehen?
Warum erscheint uns ein Satz, daß ein
Gespräch über Bäume fast ein
Verbrechen ist, heute fast schon selbst
verbrecherisch?
Weil es nicht mehr sicher ist, ob es in
hundert Jahren überhaupt noch Bäume
geben wird.

Das ‚lyrische Ich' will sagen, daß die von der naturlyrischen Tradition so lange ausgeblendete Wirklichkeit der zur Goethezeit beginnenden Naturzerstörung nun die Möglichkeiten des Naturgedichts überholt hat. Brecht hatte nur gemeint, daß angesichts der Greuel der Nazizeit Naturlyrik unwichtig sei, Buch sieht das drohende Verschwinden ihres Gegenstandes voraus.

Das ‚lyrische Ich' kann sich schließlich auch ganz in sich selbst zurückziehen, so daß der Leser Mühe hat, ihm zu folgen, wie es ihm bei dem ‚Sommerbericht' ergehen mag, den Paul Celan 1959 geschrieben hat:

Zur Biographie von Paul Celan vgl. die Interpretation seines Gedichts ‚Schibboleth' auf S. 141 ff.

Der nicht mehr beschrittene, der
umgangene Thymianteppich.
Eine Leerzeile, quer
durch die Glockenheide gelegt.
Nichts in den Windbruch getragen.

Wieder Begegnungen mit
vereinzelten Worten wie:
Steinschlag, Hartgräser, Zeit.

Der Text handelt von der Not des ‚lyrischen Ich', den Gegenstand des Naturgedichts mit Hilfe der Sprache überhaupt zu erreichen. Wie die Alten zu dichten ist nicht mehr möglich, den „Thymianteppich" kann man nicht mehr ‚beschreiten', die „Glockenheide" ergibt nur eine „Leerzeile" usw. „Begegnungen mit vereinzelten Wor-

ten" werden nun zum Ausgangspunkt eines Weges, der das ‚lyrische Ich' zu den Dingen führen soll:
Es sind Wörter, die nicht zum Vokabular der traditionellen Naturlyrik gehören, einen ‚harten' Klang haben. Der Titel des Gedichtbandes ‚Sprachgitter' gibt einen Hinweis, was da gemeint ist: Früher haben die Dichter den „Thymianteppich" im Garten, die „Glockenheide", den „Windbruch" im Wald besungen; nun aber verfängt sich das ‚lyrische Ich' im ‚Gitter', im Käfig der Worte, der in keinem Satzverband gegebenen Wörter, die nicht mehr auf Wirklichkeit verweisen, nur noch auf sich selbst oder aufeinander. Finite Verbformen fehlen, die Verse sind bruchstückhaft gebaut:

Zur Rolle des Einzelworts in der modernen Lyrik vgl. S. 38f. („Isolation des Einzelworts").

„So entsteht der Eindruck, daß diese Lyrik sich der Stummheit, der Stille und dem Schweigen annähert." (Harald Weinrich in: Dietlind Meinecke [Hg.]: Über Paul Celan, edition suhrkamp 495, Frankfurt am Main, 2., erweiterte Auflage 1973, S. 219)

Mit einem eindrucksvollen Bild charakterisiert Karl Krolow diese Situation des ‚lyrischen Ich':

Zu Karl Krolow vgl. S. 23.

Die Wortfalle bleibt aufgestellt.
Aufmerksam
bewege ich mich
in ihrer Nähe.

Wie Heinz Piontek (geb. 1925) in einem kleinen Gedicht mit einem anderen Bild verdeutlicht, muß das gesuchte dichterische Wort eine Metapher sein, also ein Bild, damit es Wirklichkeit zu erfassen erlaubt:

Heinz Piontek, aus Oberschlesien, lebt nach Kriegsdienst und Studienjahren als freier Schriftsteller in München, zunächst Naturlyrik, dann gesellschaftliche Themen, die er in ‚lakonischem' Stil (hierzu S. 144f.) lyrisch behandelt.

Glasklar

Die Metapher ist
ein Fernrohr.

Sie bewaffnet
das Auge.
Erfaßt.
Vergrößert.
Verschärft.

Deutlich nahe
kommt uns
die Wahrheit.
Scheinbar.

Der Zweifel an der dichterischen Möglichkeit, Wirklichkeit zu erfassen, wird nicht nur in der paradoxen Schlußwendung „Scheinbar“ deutlich, sondern schon an der Wahl der Fernrohr-Metapher. Das Fernrohr täuscht räumliche Nähe nur vor, verschärft auch das Bild nicht, kann also die „Wahrheit“ nicht nahebringen. Der Verdacht des ‚lyrischen Ich‘ gegenüber der erschließenden Kraft der Metapher gilt für Pionteks eigene Fernrohrmetapher. Das moderne ‚lyrische Ich‘ leidet an einer doppelten Sprachnot: Es bringt die Dinge und die Wörter nicht mehr zusammen; es hat aus eben diesem Grunde auch die Herrschaft über die Sprache verloren.

Kategorien zur Charakterisierung des ‚lyrischen Ich‘

(1) Wird ein persönliches Erlebnis zur Sprache gebracht oder ein Gegenstand dichterisch behandelt?

(2) Mit welchen Gefühlen spricht das ‚lyrische Ich‘ davon: Hat es Angst oder Hoffnung, Trauer oder Freude, Zweifel oder Gewißheit, Enttäuschung oder Dankbarkeit usw.?

(3) Inwieweit weiß sich das ‚Ich‘ mit seiner Gesellschaft und ihren Wertvorstellungen einig?

(4) Spricht das ‚Ich‘ für eine bestimmte Gruppe oder ist es sich seiner Vereinzelung bewußt?

(5) Will das ‚lyrische Ich‘ sich selbst aussprechen oder auch die Leser beeinflussen und zum Handeln veranlassen?

(6) Inwieweit öffnet sich das ‚Ich‘ zum Leser hin oder verschließt es sich vor dem Leser?

(7) In welchem Maße erscheint das ‚Ich‘ als ein kritisch reflektierendes?

(8) Wird ironisch gesprochen, oder ist die Aussage ernst gemeint?

(9) Ist die Sprache schlicht oder gesucht, der Ton einfach oder erlesen?

3. Das Problem der Form

Wir haben gesehen, daß die Lyrik in den Lexika und Handbüchern meist in einer dreiteiligen Darstellung abgehandelt ist, wobei zunächst von der Antike ausgegangen wird, um die Herkunft der Lyrik zu klären, sodann ein Hauptteil folgt, in dessen Mittelpunkt die klassisch-romantische Schule steht, und schließlich die vielfältigen Erscheinungen der modernen Lyrik auf einen Nenner gebracht werden. Wie soll man aber die Zugehörigkeit eines Textes zur Gattung ‚Lyrik' erkennen, wenn er nicht mehr die traditionellen Merkmale von Versmaß, Reim usw. aufweist und auch die üblichen lyrischen Inhalte (Naturerlebnis, Liebesbekenntnis, Vergänglichkeit usw.) vermissen läßt? Kurz: Woran erkennt man ein Gedicht? Nehmen wir als Beispiel das Gedicht ‚Einen Sommer lang' von Detlev von Liliencron (1844–1909):

Liliencron, aus Kiel, nahm als preußischer Offizier an den Kriegen 1866 und 1870/71 teil; in seinen Gedichten gibt er impressionistische ‚Momentaufnahmen' menschlicher Situationen und Erlebnisse, darin ein Vorläufer des Naturalismus.

> Zwischen Roggenfeld und Hecken führt ein schmaler Gang; süßes, seliges Verstecken einen Sommer lang. Wenn wir uns von ferne sehen, zögert sie den Schritt, rupft ein Hälmchen sich im Gehen, nimmt ein Blättchen mit. Hat mit Ähren sich das Mieder unschuldig geschmückt, sich den Hut verlegen nieder in die Stirn gedrückt...

Wenn man diesen, als fortlaufende Prosa notierten Text liest, fallen einem sogleich drei Merkmale der Form auf:

- Wir bemerken einen regelmäßigen Rhythmus; betonte Silben wechseln mit unbetonten.
- In regelmäßigem Abstand finden wir Wörter, die sich reimen („Hecken"/„Verstecken", „Gang"/„lang", dann „sehen"/„Gehen", „Schritt"/„mit", schließlich „Mieder"/„nieder", „geschmückt"/„gedrückt").
- Der Satzbau unterscheidet sich von dem Muster, an das wir in der Prosa gewöhnt sind (z.B. unvollständige Sätze: „süßes, seliges Verlangen...", fehlendes Subjekt: „Hat mit Ähren sich...").

Nach diesen Merkmalen läßt sich leicht die ursprüngliche Gedichtform rekonstruieren:

Zwischen Roggenfeld und Hecken
Führt ein schmaler Gang;
Süßes, seliges Verstecken
Einen Sommer lang.

Wenn wir uns von ferne sehen,
Zögert sie den Schritt,
Rupft ein Hälmchen sich im Gehen,
Nimmt ein Blättchen mit.

Hat mit Ähren sich das Mieder
Unschuldig geschmückt,
Sich den Hut verlegen nieder
In die Stirn gedrückt...

Die Abteilung in vierzeilige Strophen wird dadurch erreicht, daß immer vier Verse durch den sogenannten Kreuzreim (abab) zu einer Einheit zusammengefaßt sind. Der Gliederung durch Rhythmus und Reim entspricht der inhaltliche Aufbau: Der Ort der Begegnung mit der Geliebten wird genannt: 1/2, die Jahreszeit angegeben: 3/4, nun die Begegnung angedeutet: 5/6, weiter ein Bild des Mädchens in drei Details gezeichnet: Sie fährt mit den Händen ins Grün: 7/8, schmückt sich das Mieder: 9/10, zieht sich den Hut in die Stirn: 11/12. Auch durch die Wahl klanglicher Mittel anderer Art wird der Inhalt sozusagen ‚versinnlicht': Das Versteckspiel ist durch eine Reihe von Alliterationen charakterisiert („süßes, seliges... Sommer..."), die Zierlichkeit des Mädchens mit Verkleinerungsformen angedeutet („Hälmchen" 7, „Blättchen" 8) usw. Form und Inhalt sind eins.

„Den Stoff sieht jedermann vor sich, den Gehalt findet nur der, der etwas dazu zu tun hat, und die Form ist ein Geheimnis den meisten." (Goethe: Maximen und Reflexionen, hg. v. Günther Müller Nr. 561)

Wenn wir nun ein Beispiel aus unseren Tagen dagegen halten, ist uns diese Einheit von Form und Inhalt nicht mehr ohne weiteres einsichtig. Es gibt ein Problem der Form, wenn wir versuchen, den Text – wie wir es bei Liliencron gemacht haben – als ‚Gedicht' zu notieren:

„Hierher", sagen mir Bekannte, „bauen wir unser Häuschen." Auf ihrem Grundstück grasen Kühe, und Blumen wachsen im Klee. „Hier ist doch alles so natürlich", sagen sie, „die Luft und der Wald, Hügel und Felder; hier werden wir wohnen." „Ohne euch", sage ich, „würde es so bleiben."

Die inhaltliche Bedingung ist erfüllt, daß nämlich „ein Zustand empfunden und von einem ‚Ich' ausgesprochen wird". Es handelt sich um den Widerspruch zwischen der

Sehnsucht der Menschen nach unzerstörter Natur und den zerstörerischen Folgen, welche die Erfüllung dieser Sehnsucht infolge der ‚Zersiedlung der Landschaft' nach sich zieht. Aber wie wollen wir dem Text die Form eines Gedichts geben, wie z. B. die Verse abteilen? Es ergeben sich vier Glieder: die erste Äußerung der „Bekannten", der beschreibende Satz, die zweite Äußerung und die Entgegnung des ‚Ich'. Aber damit haben wir noch keine Versabteilung. Soll der ganze erste Satz eine Zeile bilden? Sollen wir hinter „hierher" ein Versende machen oder hinter „Bekannte" oder hinter „bauen wir"? Die Form wird in der Prosafassung nicht transparent. Wie lautet das Original von Ludwig Fels?

Ludwig Fels, Malerlehre, Hilfsarbeiter, lebt seit 1973 als freier Schriftsteller in Nürnberg.

Hierher, sagen mir Bekannte, bauen wir
unser Häuschen.
Auf ihrem Grundstück grasen Kühe
und Blumen wachsen im Klee.
Hier ist doch alles so natürlich, sagen sie, die Luft
und der Wald, Hügel und Felder
hier werden wir wohnen...
Ohne euch
sag ich
würde es so bleiben.

Nun ja, diese Form ergibt sich nicht zwingend, aber sie leuchtet ein: Dadurch, daß die Worte „unser Häuschen" eine eigene Zeile bekommen, erhalten sie ein eigenes Gewicht als Inbegriff des Eigenheimwunsches. Weil die Mitte des Gedichts durch die beiden miteinander verbundenen Langzeilen 5 und 6 gebildet wird, ist die Sehnsucht nach der ‚natürlichen' Umwelt akzentuiert. Und damit wiederum kontrastieren die drei Kurzzeilen 8–10, in denen das ‚Ich' diese Sehnsucht als Illusion entlarvt.
Es bleibt die Frage, wieso der Autor für seine Mitteilung die Gattung ‚Lyrik' gewählt hat. Peter Wapnewski hat diese Frage in seinem Aufsatz ‚Gedichte sind genaue Form' grundsätzlicher gestellt und erwogen, ob heute die Grenzen zwischen den Gattungen hinfällig geworden seien und die Unterscheidung von Lyrik und Prosa durch den Setzer, der die Zeilen umbricht, getroffen werden könne. Als Antwort auf diese Frage hat er zwei Thesen zur Lyrik aufgestellt, an die wir uns halten können:

Peter Wapnewski: Zumutungen. Essays zur Literatur des 20. Jahrhunderts, dtv 10010, München: Deutscher Taschenbuch Verlag 1982, S. 26–42

(1) Lyrik sei eine einfache Gattung. Sie bestimme sich klar durch Form und Gegenstand. Wo die ihr eigene

Form, nämlich „stilisierte Knappheit“, und der ihr eigene Gegenstand, das ‚lyrische Ich‘, aufgegeben werde, würde man Lyrik preisgeben.

(2) Vieles von dem, was heute als Lyrik angeboten werde, sei daher „steckengebliebene Prosa“, sei „Schwundform des Essays“ (damit ist Gedankenlyrik gemeint) oder „Tagebuch im Stammel-Ton“ (das geht auf die Erlebnislyrik).
Den Maßstab, der hinter diesen Thesen steht, formuliert Wapnewski folgendermaßen:

> „Gedicht ist das Gegenteil von Beliebigkeit. So daß zu Recht gesagt worden ist, man könne nicht ein Wort verrücken und nicht eine rhythmische Nuance verändern, ohne das Gedicht, wie es sein soll, aus den Fugen zu heben.
> Wenn aber das Gedicht in solch extremem Maße an die Gesetze von Klang und Reim, von Rhythmus, Metrum, Strophe und Bild gebunden ist, dann bedeutet Preisgabe dieser Formantien nichts anderes als Preisgabe des Gedichts . . .“

‚Geschmack‘ ist zunächst die Fähigkeit, ein Kunstwerk objektiv, differenziert und nach angemessenen Kriterien zu beurteilen, dann aber das ästhetische Empfinden bestimmter sozialer Gruppen oder literaturgeschichtlicher Epochen. Vgl. Levin L. Schücking: Soziologie der literarischen Geschmacksbildung, 3., neu bearb. Aufl., Dalp Taschenbuch 354, Bern: Francke 1961.

Die Gefahr einer solchen Auffassung liegt natürlich darin, daß hier die Bestimmung der Gattungszugehörigkeit von der literarischen Wertung des zu bestimmenden Einzelwerks abhängig gemacht, letzten Endes also zu einer Sache des literarischen Geschmacks erklärt wird. Das aber schafft in einer Zeit, in der jeder sich etwa verfestigende Geschmack sogleich von einer ‚Avantgarde‘ wieder aufgebrochen wird und zahlreiche unterschiedliche literarische Traditionen nebeneinander bestehen, keine Sicherheit des Urteils. Die ist daher nur durch aufmerksames Lesen und Vergleichen zu gewinnen. Um das Mißverständnis auszuschließen, als gelte seine Definition nur für traditionelle Lyrik mit Versmaß, Reim und Strophenbau, zeigt Wapnewski, was er meint, an dem Gedicht ‚Nachträglicher Abschied‘ von Elisabeth Borchers (geb. 1926):

Elisabeth Borchers, aus dem Elsaß, Studium in Frankreich und den USA, Arbeit an der Hochschule für Gestaltung Ulm, seit 1971 Verlagslektorin in Frankfurt a. M., verfaßt auch Kinderbücher.

Auf einmal und ganz unvermittelt
bleibt man stehn.
Etwas ist vergangen
(Wir sehn uns bald,
wir werden reden,
wir werden auch zusammen essen gehn.)
Es wäre Zeit gewesen,
zu hören und zu sehn.
Ich wußte, ungenau,
und hatte viel zu tun.

Sicher könnte man auch aus diesem Text Prosazeilen machen, ohne daß man das Gedicht darin entdecken würde. Aber das ist kein Beweis für Ungeformtheit. Denn erst durch die Abteilung der zehn Zeilen wird das Strukturelement des Reimes („stehn“ 2/„gehn“ 6/„sehn“ 8) deutlich, bemerkt man die Beziehung zwischen den beiden Partizipformen, mit denen die verpaßte Gelegenheit bezeichnet wird („vergangen“ 3/„gewesen“ 7), wird der Vers 9 herausgehoben, der den inneren Widerspruch nennt („Ich wußte“ ↔ „ungenau“), in dem sich das ‚Ich‘ befunden hat, bis („auf einmal und ganz unvermittelt“ 1) zu spät die Einsicht auftaucht, dem Partner gegenüber etwas versäumt zu haben, weil die Geschäftigkeit („hatte zu viel zu tun“ 10) zwischen die Beziehung trat, das Zuhören (8) verhindert hat. Auch die rhythmische Gestaltung ist wohlüberlegt:

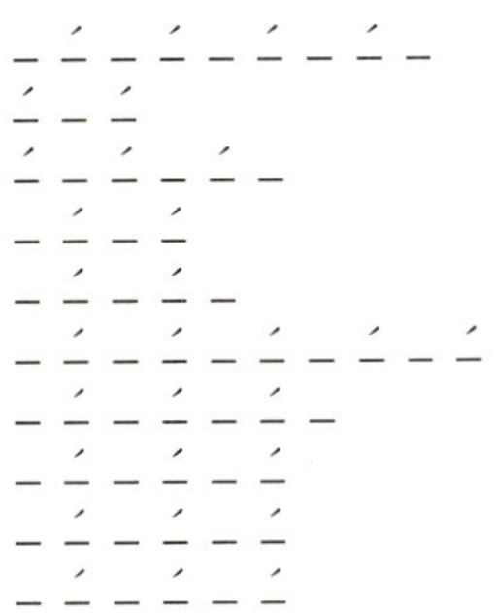

Bis auf die Verse 2 und 3, deren fallender Rhythmus den entscheidenden Moment des Innehaltens heraushebt, sind die übrigen Zeilen in steigendem Maß gehalten und setzen den inneren Monolog des ‚lyrischen Ich‘ davon ab. Auch stehen die erwähnten Reime an betonter Stelle jeweils am Versende.

‚Innerer Monolog‘, Terminus der Romanpoetik, der das stumme, vom Erzähler wiedergegebene Selbstgespräch einer Figur bezeichnet.

Das Gedicht entspricht durchaus der ersten These von Wapnewski von der „stilisierten Knappheit“; denn der neue Ton der ‚Alltagslyrik‘ bedient sich hier „der handwerklichen Kunst . . ., die das Gesetz der Gattung ausmacht. In diesen zehn Versen wird eine triviale Erfahrung zu mehr, wird zu Unruhe, Appell, zu Einsicht: mit Hilfe der Form“ (Wapnewski, a. O., S. 37).

‚Alltagslyrik‘: Vgl. S. 135.

Die komplexe Verweisungsfunktion dieser Form, die mit einem Minimum sprachlicher Zeichen ein Maximum an Mitteilung ermöglicht, verlangt vom Leser im Unterschied zu den anderen Gattungen eine besonders aktive, sozusagen ‚mitschaffende‘ Rezeption.

Zur aktiven Rezeption des Lesers vgl. S. 39f. und S. 89ff.

Kriterien der Form lyrischer Gedichte

(1) ‚Stilisierte Knappheit' des Ausdrucks:
Ein Minimum sprachlicher Zeichen enthält ein Maximum an Mitteilung (das gilt auch für das ‚lange Gedicht').

(2) Vielfältiger Verweisungszusammenhang:
Die einzelnen Wörter, Formen und Ausdrücke verweisen bedeutungsgemäß aufeinander.

(3) Rhythmische und lautliche Gestaltung:
Betonungen, Reime und Klangwiederholungen (z.B. Alliterationen) verknüpfen bedeutungsgemäß zusammengehörige Wörter.

(4) Durchgegliederte Aussage:
Gliederungszeichen (z.B. Abteilung von Verszeilen, Wechsel des Rhythmus, Übergang zu einem neuen Bild) geben dem Text eine differenzierte Struktur.

(5) Mitwirkung des Lesers:
Prägnante Wortwahl und besondere syntaktische Formulierungen geben dem Leser Stoff zum Nachdenken.

4. Das Gedicht als Bedeutungsgefüge

An einem Gedicht von Elisabeth Borchers haben wir auf die verschiedenen Elemente der Form hingewiesen, deren Zusammenwirken „mit einem Minimum sprachlicher Zeichen ein Maximum an Mitteilung ermöglicht". Wie diese Mitteilung zustandekommt, was also jene Elemente als Bedeutungsträger leisten, soll nun betrachtet werden. Der Frage nach dem Gedicht als Formgefüge entspricht die Frage nach dem Gedicht als Bedeutungsgefüge.

Dieses Gefüge kommt zustande durch ein Zusammenspiel von drei unterschiedlichen semantischen, d.h. Bedeutungsebenen:

- Da ist einmal die Ebene der Denotationen: Das sind die in der Sprachgemeinschaft festgelegten Bedeutungen, welche den Gegenstandsbezug der Wörter angeben.
- Dazu kommen die Konnotationen: Jeder Sprecher oder Hörer verbindet beim Gebrauch der üblichen Bedeutungen mit den Wörtern zusätzlich subjektive Vorstellungen, welche zum bloßen Gegenstandsbezug hinzutreten.
- Schließlich unterscheidet sich lyrische Rede vom üblichen Sprachgebrauch durch besondere formale Elemente, stilistische und klangliche Mittel wie Versmaß, Reim, Häufung bestimmter Vokale u.a., die ihrerseits mit Bedeutung gefüllt sind.

Wissenschaftlich ausgedrückt, bezeichnet Konnotation den zu einer bestimmten Zeit bei einer homogenen Hörer- bzw. Leserschicht wahrscheinlichen Umfang an Bedeutungserwartungen und emotionalen Assoziationszusätzen beim Hören bzw. Lesen eines Wortes.

Wir wollen dieses Zusammenspiel an einigen Beispielen untersuchen:

Zwei Segel

Zwei Segel erhellend
Die tiefblaue Bucht!
Zwei Segel sich schwellend
Zu ruhiger Flucht!

Wie eins in den Winden
Sich wölbt und bewegt,
Wird auch das Empfinden
Des andern erregt.

C. F. Meyer, aus Zürich, von Jugend auf schwermütig, bekannt durch seine Novellen; in seinen Gedichten tritt das ‚lyrische Ich' hinter der Symbolik des Bildes oder ‚Dinges' zurück; gilt daher als Schöpfer des ‚Dinggedichts'.

Begehrt eins zu hasten,
Das andre geht schnell,
Verlangt eins zu rasten,
Ruht auch sein Gesell.

Conrad Ferdinand Meyer (1825–1898)

Der Gegenstandsbezug ist deutlich: Das Gedicht ‚handelt' von der Bewegung zweier Segel(boote) im Wind („bewegt" 6, „geht schnell" 10, „ruht" 12). Dieser Vorgang ist ohne Zeitrelation dargestellt; entsprechende Adverbien (z. B. ‚dann') fehlen; in 1 bis 4 fehlt auch jede finite, d. h. nach Person und Tempus bestimmte Verbform. Unbestimmt bleibt auch der Ort des Vorgangs, und zwar trotz des bestimmten Artikels („die tiefblaue Bucht" 2). Die Aussage ist nur auf das Verhältnis der beiden Segel(boote) zueinander abgestellt. Wird das eine von einer Brise erreicht (5/6), so füllt sich auch das andere Segel mit Wind (7/8); wird das eine schneller (9), dann nimmt auch das andere mehr Fahrt auf (10); treibt das eine langsamer (11), so verlangsamt auch das andere in der Flaute sein Tempo (12). Als Aussage über das Verhalten von Segelbooten, die bei wechselnder Windstärke nebeneinander her fahren, wäre der Text banal, enthielte er eine pure Selbstverständlichkeit. Aber der Leser realisiert bei der Lektüre nicht nur die Denotationen, sondern verknüpft diese mit besonderen Assoziationen, mit denen er die gelesenen Worte in einen Sinnzusammenhang stellt, der über das Bild von den beiden nahe beieinander segelnden Booten hinausführt. Dieser Prozeß wird vom Dichter mit bestimmten Rezeptionsvorgaben gesteuert, z. B. dadurch, daß der Text an einigen Stellen in seiner Wortwahl die Bildebene verläßt. Wenn „das Empfinden des andern erregt" wird (7/8), wenn eines von beiden etwas „begehrt" (9) oder „verlangt" (11), wenn das andere „sein Gesell" genannt wird (12), so ist eigentlich nicht mehr vom Segeln die Rede, sondern von zwei Menschen, die ihr Handeln aufeinander abstimmen. Wenn wir sehen, daß von den 47 Wörtern des Gedichts mehr als ein Viertel („zwei" Überschrift, 1,3; „eins" 5,9,11; „das andre" 8,10; „sein Gesell" 12: insgesamt zwölf Wörter) die Vorstellung eines Paares verdeutlichen, so schließen wir daraus, daß das Gedicht eine Aussage über die menschliche Paarbeziehung enthält.

Rezeptionsvorgaben, auch Rezeptionsanweisungen, sind vom Autor in das Werk eingelassene sprachliche wie klangliche Signale, von denen der Rezeptionsvorgang des Lesers beeinflußt werden soll.

Die sprachliche und klangliche Form des Gedichts akzentuiert diese Vorstellung einmal durch die Wortwahl, in der mit den Verben, welche die sichtbare Bewegung kennzeichnen („wölbt", „bewegt" 6, „hasten" 9, „geht schnell" 10, „rasten" 11, „ruht" 12), solche Verben vermischt sind, welche psychische Vorgänge bedeuten („Empfinden" 7, „erregt" 8, „begehrt" 9, „verlangt" 11). Auch die Bezeichnung des Nachbarboots als „Gesell" (12) gehört hierhin. Zum andern wird die Vorstellung von einem Paar durch die lautlich-rhythmische Struktur des Gedichts versinnlicht. Jede Strophe besteht aus zwei gleichen Versgruppen, in denen jeweils ein fünfsilbiger einem sechssilbigen Vers mit zwei Hebungen folgt. Ein regelmäßig abwechselnder Reim (abab: Kreuzreim) unterstützt den klanglichen Eindruck der Harmonie dieser auf der Zweizahl beruhenden Struktur:

Über die Verknüpfung zweier verschiedener Wortfelder (hier: Verben der äußeren Bewegung und Verben der inneren Regung) in einem Bildfeld Näheres auf S. 88 ff.

```
  ´       ´
– – – – – – –
  ´       ´
– – – – –
  ´       ´
– – – – – – –
  ´       ´
– – – – –
```

Das alles weist darauf hin, daß hier nicht einfach ein Stimmungsbild gegeben werden soll, wie man es im Urlaub festzuhalten pflegt, um einen visuellen Eindruck aufzubewahren, an dem man Freude gehabt hat. Vielmehr wird der Leser durch die Form des Bewegungsablaufs, an dessen Ende der Begriff des ‚Gesellen' steht, in die eigene Reflexion über die Paarbeziehung sozusagen entlassen:

„eins" (5) . . . . „des andern" (8)
„eins" (9) . . . . „das andre" (10)
„eins" (11) . . . . „sein Gesell" (12).

Erst durch das Zusammenspiel der drei Bedeutungsebenen, der sprachüblichen Denotationen, der Konnotationen, die der Leser zu den Gegenstandsbezeichnungen hinzudenkt, und der stilistischen und klanglichen Formmittel, die als Rezeptionsvorgaben auf jene Konnotationen Einfluß nehmen, versteht der Leser das Gedicht als eine Aussage von der harmonischen Beziehung zweier Menschen, die im Wechsel der Lebensereignisse, in Freud und Leid, einander treu bleiben.

Über die Struktur des Verstehensvorgangs, in dem der Leser das Bedeutungsgefüge aufnimmt und entschlüsselt, mehr auf S. 75 f.

Auch Gedichte ohne Versmaß und Reim stellen ein solches intensives Bedeutungsgefüge dar, z. B.:

Rudern, Gespräche

„Es ist Abend. Vorbei gleiten
Zwei Faltboote, darinnen
Zwei nackte junge Männer: Nebeneinander rudernd
Sprechen sie. Sprechend
Rudern sie nebeneinander."

Bertolt Brecht (1898–1956)

Die beiden Verben ‚rudern' und ‚sprechen' werden nicht in einem Bildfeld zusammengefügt wie die beiden Verbgruppen bei C. F. Meyer, sondern einander gegenübergestellt, um die Beziehung zwischen ihnen zu thematisieren.

Es fehlen nicht nur Versmaß und Reim. Es fehlt auch die Spannung zwischen den Wörtern, welche den Gegenstandsbezug andeuten, und solchen, die in einen weiteren Sinnzusammenhang hineinführen, wie wir sie in dem Gedicht von C. F. Meyer fanden. Das Gedicht wirkt sozusagen ‚eindimensional'. Wir haben nur das Bild von den beiden am Abend nebeneinander her paddelnden und miteinander sprechenden „nackten jungen Männern". Und doch stellt das Gedicht ein komplexes Bedeutungsgefüge dar.

Zunächst zur Form: Könnte der Verzicht auf Metrum und Reim, die Distanzierung von den traditionellen Stilmitteln der Lyrik nicht als eine wohlbegründete Entscheidung des lyrischen Ich verstanden werden, als bewußter Verzicht auf eine eingängige, klanglich gefällige Form des Gedichts? Dann darf aber die hier gewählte Form nicht nur negativ charakterisiert werden (‚kein Metrum, kein Reim'), sondern wir müssen ihre Eigenart herausfinden. Zunächst meint man, da sei Prosa in Verszeilen abgeteilt. Doch dem widersprechen solche Umstellungen wie „Vorbei gleiten / Zwei Faltboote" (statt „Zwei Faltboote gleiten vorbei"). Sie ergeben einen harten Rhythmus, der im Gegensatz zu dem fließenden Rhythmus des Gedichtes von Conrad Ferdinand Meyer steht. Von dessen ebenmäßigem Versbau (jeder Vers bildet eine syntaktische Einheit) hebt sich hier die Fügung deutlich ab, in der die Satzenden an keiner Stelle den Versenden entsprechen.

Der Gegenstandsbezug scheint dem ähnlich, der in C. F. Meyers Gedicht vorliegt: Das Gedicht ‚handelt' von zwei sich nebeneinander fortbewegenden Booten, bietet eine Impression, wie sie das lyrische Ich an einem Sommerabend erleben könnte. Doch wird sie nicht – wie bei C. F. Meyer – als Stimmungsbild ausgeführt, sondern in einer ungefälligen, spröden Weise wiedergegeben. Da der Sinnzusammenhang, dem dieser Objektbezug dienen soll, hier nicht – wie bei C. F. Meyer durch die Verben, die psychische Vorgänge bezeichnen, – eigens angesprochen wird, bleibt der Leser mit dem Bild der beiden jungen Leute auf dem Wasser und mit der Feststellung allein, daß der Dichter durch seine Form eine stimmungsvolle, harmonische, idealisierende Wirklichkeitssicht vermeiden will.

Wie das Gedicht von C. F. Meyer den Leser mit dem Wort „Gesell“ (12) in die eigene Reflexion entläßt, so endet das Gedicht von Bertolt Brecht mit einer Chiasmus-Figur, in der drei Wörter durch Wiederholung und Umstellung eng miteinander verbunden werden:

Chiasmus (griech.), die dem Bild des griechischen Buchstabens Chi entsprechende Figur: χ (vgl. S. 60)

„Nebeneinander rudernd sprechen sie.“

„Sprechend rudern sie nebeneinander.“

Indem jedes der beiden Verben einmal als Partizip, dann aber als finite Verbform erscheint, wird die Identität der beiden Handlungen betont, d.h. hervorgehoben, daß „rudern“ und „sprechen“ sozusagen zwei Seiten einundderselben Sache sind. Hier liegt der Schlüssel zu dem gemeinten Sinnzusammenhang. Doch muß der Leser zu seiner Erschließung noch etwas mitbringen, was Brecht bei ihm vorausgesetzt hat, nämlich Grundkenntnisse in der Lehre des ‚dialektischen Materialismus‘. Dann wird er in den beiden zugleich rudernden und diskutierenden Sportlern ein Bild für die dialektische Einheit von Theorie und Praxis der Arbeiterbewegung erkennen, vor allem wenn er außerdem noch weiß, daß Brecht dieses Gedicht 1953 in der DDR geschrieben hat, wo die Führung anläßlich des Aufstandes vom 17. Juni nach seiner Meinung eben diese Einheit von Handeln und Diskutieren mißachtet hat. Die oben dargestellte Figur der chiastischen Verschränkung von „rudern“ und „sprechen“ ist also der Hinweis auf das Thema ‚Dialektik‘, wie er in der Sprachform Gestalt gefunden hat.

Dialektik heißt im Marxismus die Wechselbeziehung zwischen dem Bewußtsein und dem materiellen Sein der Menschen, welche die gesellschaftlichen und wirtschaftlichen Prozesse in Bewegung hält und die Ursache der geschichtlichen Veränderungen darstellt.

Am 17. 6. 1953 kam es in der DDR zu Massenstreiks der Beschäftigten gegen die Erhöhung der Arbeitsnormen. Der Aufstand wurde von der sowjetischen Besatzungsmacht niedergeschlagen, die Normerhöhungen aber wurden zurückgenommen.

Das Beispiel zeigt, daß der Nachvollzug des Bedeutungsgefüges, das im Gedicht enthalten ist, unter Umständen mißlingen kann. Es ist nämlich möglich, daß der Leser die vom Dichter erwarteten und durch die Rezeptionsvorgaben gesteuerten Konnotationen nicht realisiert, weil er außerhalb des historischen Kontextes steht, dessen Kenntnis zum Verständnis des Gedichtes nötig ist. Ein solcher Leser bedarf zur Lektüre eines Gedichts, von dem ihn ein bestimmter historischer Abstand trennt, eines literaturwissenschaftlichen Kommentars. Das ist sicher auch der Fall bei dem folgenden Text, der durch die Vorstellung von einer Paarbeziehung mit unseren vorhergehenden Beispielen vergleichbar ist:

Kandinsky war 1911 Mitbegründer des ‚Blauen Reiters' in München, einer Vereinigung moderner Künstler (Franz Marc, Paul Klee, August Macke u. a.; im Almanach 1912 der Gruppe waren auch Arnold Schönberg und Anton von Webern mit Kompositionen vertreten). Ab 1922 am Bauhaus in Weimar und Dessau, ab 1933 in Paris.

Immer zusammen

„Steigemann und Sinkemann sagten zueinander:
‚Ich komme bald zu Dir. Jawohl!'
Und Steigemann: ‚Du zu mir?'
Und Sinkemann: ‚Du zu mir?'
Wer zu wem?
Wann?"

Wassily Kandinsky (1866–1944)

Das ‚lyrische Ich' erzählt von einem Wortwechsel zwischen zwei Personen mit sprechenden Namen und fügt ihm zwei eigene Fragen an. Aufgrund der sprechenden Namen gewinnt der Leser in seinen Konnotationen das Bild zweier gegenläufiger Bewegungen (steigen und sinken), die das Zueinanderkommen der beiden miteinander Redenden immer wieder verhindern. Daher die beiden Fragen des ‚lyrischen Ich'. Bei einer solchen gegenläufigen Bewegung kann man nicht sagen, wer zu wem kommt und wann sie sich treffen.
Was soll das Ganze? Da muß man zunächst einmal wissen, daß der Autor ein bildender Künstler ist, der vielleicht ein Problem seiner Kunst formuliert. Des weiteren muß man wissen, daß Kandinsky in seiner Kunst dadurch revolutionär gewirkt hat, daß er 1910 das erste abstrakte Gemälde gemalt hat, weil er sich von der Erscheinungswelt lösen wollte, in der er nur Zufall, Unordnung, Disharmonie wahrzunehmen meinte. Er wollte durch die „Mauer" dieser Erscheinungswelt zur wahren Wirklichkeit, in der Malerei zur reinen Farbe, reinen Fläche, reinen Linie, in der Dichtung zum Wort durchstoßen:

„Das Wort ist das reine Material der Dichtung." (Belege bei Rudolf Nikolaus Maier: Paradies der Weltlosigkeit, Untersuchungen zur abstrakten Dichtung seit 1909, Stuttgart: Klett 1964)

Franz Mon (geb. 1926), H. C. Artmann (geb. 1921), Helmut Heißenbüttel (geb. 1921) und Ernst Jandl (geb. 1925) sind Vertreter der experimentellen Lyrik, auch ‚konkrete Poesie' genannt, d. h. Verfasser von Laut- und Klanggedichten u. ä.

Wir finden hier schon die gleiche „Allergie gegen Inhalte" (Franz Mon), wie sie in unseren Tagen bei Lyrikern wie Artmann, Heißenbüttel, Jandl begegnet. Und auch eine spätere Erscheinung der bildenden Kunst ist vorweggenommen: das ‚Mobile', wie es zuerst von Alexander Calder ab 1926 in Paris verwirklicht wurde, mechanisch bewegte Drahtfiguren und motorangetrie-

bene ‚Objekte'. „Steigemann" und „Sinkemann" ziehen auf und ab aneinander vorüber. Wer kommt da zu wem, und wann gelangen sie zueinander?
An diesem Beispiel lernen wir, daß vom Anbruch der Moderne an, also etwa ab der Jahrhundertwende, zum historischen Kontext, der bei der Interpretation von Lyrik zu beachten ist, auch die Beziehungen zwischen Dichtung und bildender Kunst zu beachten sind.

Fassen wir zusammen: Der Leser nimmt ein Gedicht auf drei verschiedenen Ebenen zugleich auf:

Zum Verstehensvorgang vgl. auch S. 89ff.

(1) Zunächst hat er den Wortlaut des Textes vor sich, dessen Bedeutungsgefüge er zu verstehen sucht, indem er den einzelnen Wörtern und Wortgruppen die in der Sprachgemeinschaft üblichen Bedeutungen, die sogenannten ‚Denotationen', zuordnet. Er folgt also dem Gegenstandsbezug, den diese Bedeutungen angeben.
(2) Zugleich wird er durch manche Merkmale des Textes (auffällige Wortverbindungen, Satzrhythmus, Klangfiguren, abweichende Syntax, wiederkehrende Ausdrücke) veranlaßt, den einzelnen Wörtern und Wortgruppen zusätzliche Bedeutungen, die sogenannten ‚Konnotationen' zu assoziieren, die ihm den Sinnzusammenhang erschließen, der im Gedicht gemeint ist.
(3) Diese Merkmale, die wir als Form des Textes bezeichnen, bilden als Rezeptionsvorgaben die Voraussetzung dafür, daß der Leser über den Objektbezug hinaus nach dem gemeinten Sinnzusammenhang fragt, den ‚Denotationen' des bloßen Wortlauts die entsprechenden ‚Konnotationen' zufügt. Diese Merkmale sind einmal sprachlicher Art (z. B. die chiastische Wortstellung als Symbol der Dialektik in dem Brecht-Gedicht), dann aber auch lautlich-rhythmischer Art (wie die Paar-Symbolik von Versmaß und Reim bei C. F. Meyer).

Zwischen diesen Ebenen findet eine unaufhörliche Bedeutungsübertragung statt, durch die das Gedicht als ein komplexes Bedeutungsgefüge erscheint. Voraussetzung zur Erfassung des Bedeutungsgefüges aber ist die Kenntnis des historischen Kontextes, in den das Gedicht hineingehört und aus dem allein es verständlich werden kann.

Ein extremes Beispiel für diese Voraussetzung ist das Gedicht von Paul Celan auf S. 141ff.

Das Bedeutungsgefüge lyrischer Texte

Historischer Kontext

Sinnzusammenhang (Ebene der Konnotationen)	Symbolische Bedeutung des Gedichttexts und seiner sprachlich-stilistischen sowie klanglich-rhythmischen Elemente ↔	Bedeutungsübertragungen
Gegenstandsbezug (Ebene der Denotationen)	Wortlaut des Gedichttexts und sprachübliche Bedeutungen des Sprachmaterials ↔	
Rezeptionsvorgaben (Ebene der sprachlich-stilistischen und klanglich-rhythmischen Form)	Wortwahl, Satzbau, Stilmittel, Rhythmus, wiederkehrende Laute, Versmaß, Reim usw. ↔	

Beziehungen zu den anderen Künsten

5. Verse und Prosa

Die Gedichtbeispiele, die wir herangezogen haben, um Merkmale der Lyrik aufzuzeigen, lassen sich ihrer rhythmischen Form nach in zwei Gruppen teilen:
(1) Gedichte, die dem Typ des Beispiels von Detlev von Liliencron entsprechen:

Das Gedicht von Liliencron wird auf S. 27f., das Gedicht von Brecht auf S. 36f. behandelt.

Zwischen Roggenfeld und Hecken	–́ – –́ – –́ – –́ –
Führt ein schmaler Gang;	–́ – –́ – –́
Süßes, seliges Verstecken,	–́ – –́ – –́ – –́ –
Einen Sommer lang.	–́ – –́ – –́

(2) Gedichte, die dem Typ des Beispiels von Bertolt Brecht entsprechen:

Es ist Abend. Vorbei gleiten	–̀ – –́ – – –́ –́ –
Zwei Faltboote, darinnen	–̀ –́ –̀ – – –́ –
Zwei nackte junge Männer:	–̀ –́ – –́ – –́ – –́
Nebeneinander rudernd	– – –́ – –́ –
Sprechen sie. Sprechend	–́ – –̀ –́ –
Rudern sie nebeneinander.	–́ – – –́ – – –́ –

Beide Texte sind in Zeilen abgeteilt, wodurch sie von gewöhnlicher Prosarede abweichen. Aber in (1) wechseln betonte und unbetonte Silben regelmäßig ab, und je zwei Zeilen gleichen einander. Sie sind nach einem bestimmten Versmaß (Metrum) gebaut. Das ist bei (2) nicht der Fall. Dort werden stärkere (–́) und schwächere Akzente (–̀) gesetzt, die kein rhythmisches Muster wie bei (1) bilden. Doch gibt es Abweichungen von gewöhnlicher Prosarede, in der es z. B. heißen würde:
„Es ist Abend. Zwei Faltboote gleiten vorbei."

–̀ – –́ – –̀ –́ –̀ – – –́ – – –́

In der Chiasmus-Figur nähert sich der Rhythmus einem regelmäßigen Muster:

„Nebeneinander rudernd	–́ – – –́ – –́ –
Sprechen sie. Sprechend	–́ – – –́ –
Rudern sie nebeneinander."	–́ – – –́ – – –́ –

Die Grenze zwischen Prosa und Verssprache ist fließend, denn die Verssprache ist lediglich eine besonders gestaltete Form der Prosasprache. Sie kommt zustande, indem

Prosa, lat., bedeutet »geradeaus gehende Redeweise.«

die rhythmischen Gliederungsprinzipien der Prosa strenger und einheitlicher angewendet werden. Denn auch die Prosa kennt eine Regelung der Abfolge von betonten und unbetonten Silben und eine Gliederung nach Sprechabschnitten. Beide Merkmale bilden die Voraussetzung für die Verssprache:

- Die Prosa ist in Sprechphasen gegliedert, die durch Sprechpausen voneinander getrennt sind. Sie werden in der Schrift durch Satzzeichen signalisiert. Das Atmen zwingt nämlich jeden Sprecher dazu, Pausen zu machen; die Rücksicht auf den Hörer aber gebietet ihm, solche Pausen nur bei Sinneinschnitten vorzunehmen.
- Die Wörter bzw. Wortformen der Prosasprache haben verschiedenartige Silben, solche, die einen Akzent tragen, und solche, die im Tonschatten stehen, kurz: betonte und unbetonte Silben.

Die Hervorhebung einer Silbe durch den Akzent erfolgt in unterschiedlicher Stärke. Zunächst einmal trifft der Wortakzent jedes Wort auf seiner betonten Silbe („Abend", „Verstecken", „irgendetwas"). Mehrsilbige Wörter können einen Nebenakzent haben („nebeneinander"). Der Satzakzent hebt eín Wort gegenüber ánderen im gleichen Satz hervor:

„Dort haben wir einen Sommer lang Verstecken gespielt . . ."

Eine solche Hervorhebung kann verschiedene Funktionen haben:

- Betonung eines wichtigen Wortes („einen Sommer lang"),
- Gegenüberstellung („. . . rudernd sprechen sie. Sprechend rudern sie . . ."),
- Querverweisung innerhalb des Textes („. . . ein schmaler Gang . . . Dort haben wir . . ."),
- Ausdruck eines Gefühlswertes („süßes, seliges Verstekken . . .) u. a.

Lexem, griech., bedeutet das Wort als Einheit des Lexikons mit seinen Bedeutungsangaben, während die Bedeutung der Funktionswörter darin liegt, Beziehungen zwischen Lexemwörtern anzugeben.

Beim Satzakzent ist es von Bedeutung, ob ein sogenanntes Lexemwort hervorgehoben wird, d. h. ein Wort, das zu den drei Hauptwortarten Verb, Substantiv, Adjektiv gehört, oder ein Funktionswort (z. B. Pronomen, Adverb, Konjunktion, Präposition usw.). Aufgrund ihres größeren Bedeutungsgehalts werden Lexemwörter durch den Satzakzent sehr viel häufiger und stärker hervorgehoben als Funktionswörter.

Stufen steigender Hervorhebung sinntragender Silben

(1) Kein Akzent
Unbetonte Silben

(2) Sinnakzent ersten Grades
Betonte Silbe eines Wortes (Wortakzent)

(3) Sinnakzent zweiten Grades
Hervorhebung eines Substantivs, Verbs oder Adjektivs gegenüber anderen Wortarten (Lexemakzent)

(4) Sinnakzent dritten Grades
Hervorhebung eines für den Sinn des Satzes entscheidenden Wortes (Satzakzent)

In der Versdichtung sind nun beide Unterscheidungen der Prosa, die syntaktische, d.h. die Gliederung in Sprechphasen, und die silbische, also der Wechsel von betonten und unbetonten Silben, zahlenmäßig geregelt:

- Die Sprechphasen, darunter der Vers als die hervorstechendste Einheit, sind in ihrer Länge festgelegt.
- Innerhalb der Phasen bzw. Verse ist die Verteilung betonter und unbetonter Silben nach einem Versmaß (Metrum) geregelt, in dem die Silben gezählt werden.

Während in den alten Sprachen die Silben einander gleichgeordnet waren, so daß der Akzent mit der Form wechseln konnte (adóro, adoráre, adoratiónis usw.), behält das Deutsche in allen Formen den Ton auf der gleichen Silbe (ich veréhre, veréhren, Veréhrung usw.); denn der Akzent hebt die Bedeutung des Wortes hervor. Die Hebungssilbe als die bedeutungstragende Silbe ist deshalb den übrigen Silben übergeordnet. Vgl. Thrasybulos Georgiades: Musik und Sprache, Berlin: Springer 1954.

In einem Vers nennt man die betonten Silben Hebungen, wenn sie von einem im Versmaß vorgesehenen Akzent getroffen werden. Die unbetonten Silben heißen Senkungen. Ob eine Silbe für eine Hebung oder für eine Senkung in Frage kommt, steht nicht von vornherein fest.

Beispiel:
Die letzten drei Verse des Sonetts ‚Natur und Kunst' von Goethe (1802) lauten:

Wer Größes wíll, muß sích zusámmenráffen;
in dér Beschránkung zeígt sich érst der Meíster,
und dás Gesétz nur kánn uns Freíheit gében.

Das Wort „sich" steht einmal in der Hebung, dann in der Senkung, die finite Verbform dreimal in der Hebung („will", „zeigt", „kann"), einmal in der Senkung („muß"), der bestimmte Artikel zweimal in der Hebung („der Beschränkung", „das Gesetz"), einmal in der Senkung („der Meister").

Durch Sinneinschnitte, die an gleicher Stelle wiederkehren, können Verse in Versabschnitte (Kola, Singular: Kolon) gegliedert werden. Ein solcher Sinneinschnitt heißt Zäsur.

Beispiel:

Zur Form des Sonetts vgl. S. 54 f.

Das Sonett ‚Es ist alles eitell‘ von Andreas Gryphius (1643) beginnt:

Du síhst wohín du síhst/ nur éitelkeít auff érden.
Was díeser heúte bawt́/ reist jéner mórgen eín:
Wo ítzund stáďte stéhn/ wird eíne wiésen seín
Auff dér ein schä́ffers kińd/ wird spílen mítt den heérden.

Auch die Zäsur ist ein Element des Bedeutungsgefüges. In diesem Beispiel wird in den beiden durch die Zäsur getrennten Kola Gegensätzliches einander gegenübergestellt: „bawt“ ↔ „reist ein“ oder „städte“ ↔ „wiesen“). Versstruktur und Sinnstruktur entsprechen einander.

Strophe, griech., die Wende, die der Pflüger am Ende der Furche macht.

Responsion von lat. ‚respondere‘ = ‚antworten‘

‚Männliche‘ und ‚weibliche‘ Kadenz: Begriffe nach den Adjektivformen des Französischen gebildet, wo die männliche Form einsilbig (z. B. ‚grand‘), die weibliche zweisilbig (‚grande‘) ist.

Sehr oft werden Verse zu Strophen gruppiert. Das geschieht nach den Prinzipien der Entsprechung (Responsion) und der Abwechslung (Variation). Kehrt eine Folge von Versen, die sich in bestimmten Merkmalen unterscheiden, wieder, so spricht man von einer Versgruppe. Eine solche wurde in unserem Beispiel von Liliencron dadurch gebildet, daß einem mit der Hebung beginnenden Vierheber mit weiblicher Kadenz ein solcher mit männlicher Kadenz folgte:

Zwischen Roggenfeld und Hecken
Führt ein schmaler Gang . . .

–́ – –́ – –́ – –́ –
–́ – –́ – –́ – –́

Versgruppen, die aufgrund bestimmter Entsprechungen (z. B. des Reims) zusammengehören, heißen Responsionsgruppen. In unserem Beispiel waren je zwei Versgruppen durch das Reimschema abab verbunden. Die nächsten beiden Versgruppen wechselten den Reim (cdcd), bildeten also eine neue Responsionsgruppe. Auf diese Weise entstanden drei Strophen.

Wir finden also in Gedichten, die nach den Regeln der Metrik, d. h. der Lehre von den Versmaßen, gebaut sind, eine Art von ‚Hierarchie‘:

Metrischer Aufbau von Gedichten

Sinneinheiten werden, von kleineren zu übergeordneten Sprechphasen fortschreitend, durch folgende metrische Einheiten wiedergegeben:

- Kolon
- Vers
- Versgruppe
- Responsionsgruppe
- Strophe
- Gedicht

Die beiden Prinzipien der Entsprechung (Responsion) und der Abwechslung (Variation) müssen in einem ausgewogenen Verhältnis zueinander stehen. Denn wenn die Responsion allzu gleichmäßig wäre, würde das Gedicht eintönig wirken. Wenn aber die Variation überhand nähme, wäre keine Ordnung mehr erkennbar. Eine Möglichkeit, zwischen den beiden Prinzipien zu wechseln, ist der sogenannte ‚Zeilensprung' (Enjambement). In unserem Beispielgedicht von C. F. Meyer ist die dritte Strophe so gebaut, daß jeder Vers einer syntaktischen Einheit entspricht:

‚Enjambement' von frz. ‚enjamber' = ‚überschreiten, hinüberspringen'

Begehrt eins zu hasten,
Das andre geht schnell,
Verlangt eins zu rasten,
Ruht auch sein Gesell.

In der zweiten Strophe jedoch ‚springt' eine syntaktische Einheit jeweils über das Versende hinweg in die nächste Zeile hinüber:

Wie eins in den Winden
Sich wölbt und bewegt,
Wird auch das Empfinden
Des andern erregt.

Während Nebensatz (9,11) und Hauptsatz (10,12) dort von Vers zu Vers wechseln, umfassen sie hier jeweils zwei Verse (Nebensatz 5/6, Hauptsatz 7/8).
Ein wichtiges Mittel zur Verhinderung von Monotonie ist die Spannung zwischen Versakzent und Sinnakzent.
Das gleichbleibende Versmaß tritt ja in Beziehung zu ganz unterschiedlichen Sinnstrukturen, die ihre eigenen

Wort- und Satzakzente in das metrische Schema hineinbringen. Sehen wir uns das an einem Beispiel an:

Theodor Storm (1817–1888), Rechtsanwalt, später Amtsrichter in Husum; Novellen und Gedichte kreisen um die heimatliche Landschaft.

Die erste Strophe eines Gedichts, das Theodor Storm 1851 auf seine Heimatstadt Husum geschrieben hat, lautet:

„graúen": Versakzent, „ùm die Stádt": Sinnakzente

Am graúen Stránd, am graúen Méer
und seitáb liegt die Stádt;
der Nébel drückt die Dächer schwér,
und dùrch die Stille braúst das Méer
eíntönig ùm die Stádt.

Es handelt sich um Verse, in denen stets eine betonte Silbe einer unbetonten folgt. Die Verse 1,3 und 4 haben 4 Hebungen, die Verse 2 und 5 nur drei. Wollte man nun beim lauten Lesen nur die vom Metrum vorgeschriebenen Hebungen mit einem Akzent versehen, so würde der Vortrag monoton klingen und die Sinnstruktur verdekken. Der Wortakzent von „seitáb" und „Eíntönig" muß gegen das metrische Schema hervorgehoben, die Hebungen von „durch" (4) und „um" (5) dürfen – als Funktionswörter – nur mit leichtem Ton versehen werden. Rhythmisch hat daher – trotz des gleichen Metrums – der Vers 5 eine ganz andere Klanggestalt (–́ – – –̀ – –́) als die Schlußverse der beiden anderen Strophen:

„am Strande weht das Gras" (– –́ – –́ – –́) und
„du graue Stadt am Meer" (– –́ – –́ – –́).

Das gleiche Metrum kann daher als Bauelement der Realisierung ganz unterschiedlicher rhythmischer Strukturen dienen. In dem folgenden kurzen Gedicht von Joseph von Eichendorff (1788–1857) wechseln Vierheber mit weiblicher und männlicher Kadenz, also:

–́ – –́ – –́ – –́ (–)

Vgl. den Kommentar, den Eichendorff selbst später zu diesem kleinen Gedicht gegeben hat, auf S. 126.

Schläft ein Lied in allen Dingen,
Die da träumen fort und fort,
Und die Welt hebt an zu singen,
Triffst du nur das Zauberwort.

Hier ist eine Spannung zwischen Vers- und Sinnakzent weitgehend vermieden, die Sinnstruktur schmiegt sich ganz in das Metrum ein. Das entspricht der Aussage des Gedichts von der Harmonie zwischen der Dichtung und der inneren Weltordnung, die der Dichter zum ‚Singen'

bringen kann, wenn er das ‚Zauberwort' trifft. Damit ist zugleich gesagt, daß der ‚schlechte' Dichter das ‚Lied in allen Dingen' mit seiner sprachlichen ‚Wünschelrute' – so der Titel des Gedichts – nicht zum Klingen bringt.
Einen Vierzeiler mit dem gleichen Metrum entnehmen wir der postum erschienenen Gedichtsammlung ‚Schein und Sein' des durch seine Bildgeschichten (‚Max und Moritz', ‚Die fromme Helene' u. a.) berühmt gewordenen Wilhelm Busch (1832–1908):

Wilhelm Busch, aus einem Dorf bei Hannover, besuchte mehrere Kunstakademien und lebte später wieder in seiner Heimat. Mit seinen Bildgeschichten wurde er der volkstümlichste Humorist Deutschlands.

Nörgeln ist das Allerschlimmste,
Keiner ist davon erbaut;
Keiner fährt, und wär's der Dümmste,
Gern aus seiner werten Haut.

Im Unterschied zum gleichmäßigen Dahinfließen der Verse Eichendorffs dient hier das Metrum dem Sprachgestus des aufgebrachten ‚lyrischen Ich', das über die Untugend des ‚Nörgelns' richtet. Die Hebungen am Versanfang sind besonders herausgehoben: „Nörgeln" als Thema, das wiederholte „Keiner", das die allgemeine Ablehnung dieser Untugend betont.
In dem gleichen Metrum läßt sich auch etwas erzählen, wie es Christa Reinig (geb. 1926) in dem 1962 entstandenen Gedicht ‚Robinson' tut:

Christa Reinig war Blumenbinderin in Berlin, nach 1945 Fabrikarbeiterin, Abitur, Studium der Kunstgeschichte und Archäologie, Archivarin am Märkischen Museum, seit 1951 in der DDR nicht mehr gedruckt, blieb sie 1964 anläßlich der Entgegennahme des Bremer Literaturpreises in der Bundesrepublik, lebt in München: Gedichte, Erzählungen

manchmal weint er wenn die worte
still in seiner kehle stehn
doch er lernt an seinem orte
schweigend mit sich umzugehn.

und erfindet alte dinge
halb aus not und halb im spiel
splittert stein zur messerklinge
schnürt die axt an einen stiel

kratzt mit einer muschelkante
seinen namen in die wand
und der allzu oft genannte
wird ihm langsam unbekannt

Das Gedicht wird auf S. 63ff. mit einem Robinson-Gedicht von Karl Krolow verglichen.

Erzählt wird die Einsamkeit des ganz auf sich selbst zurückgeworfenen, der Gesellschaft entfremdeten Menschen, der lernen muß, „schweigend mit sich umzugehn" (4), eine Situation, die das ‚lyrische Ich' auf die Figur des Robinson projiziert. Hier trägt das Metrum weder den liedhaften Ton des Eichendorff-Gedichts noch den

Gestus der moralischen Empörung, dem es bei Wilhelm Busch diente, sondern ermöglicht die ‚Objektivierung' einer inneren Situation im Erzählgedicht. Es wird auch ganz anders behandelt als von den Dichtern Eichendorff und Busch. Da wird z. B. der Begriff des ‚Stillstehns' der Worte auf die erste und vierte Hebung des Verses (2) verteilt, Schlüsselwörter sind vor allem in der zweiten Hebung zu finden („weint" 1, „lernt" 3, „not" 6, „namen" 10), der Rhythmus wird durch eine Fülle von Alliterationen unterstützt („**w**eint er **w**enn die **w**orte ..." 1, „**st**ein ... **st**iel" 7/8 u. a.).

Zu den Begriffen ‚Konnotation' und ‚Rezeptionsvorgabe' vgl. S. 33 und 34.

Alle diese klanglichen Mittel stehen in Wechselbeziehung mit den sprachlichen Bedeutungen und den ‚Konnotationen', die der Dichter dem Leser durch Wortwahl, Satzbau und andere Rezeptionsvorgaben nahelegt. Das Bedeutungsgefüge des Gedichts ergibt sich erst aus den gegenseitigen Bedeutungsübertragungen dieser unterschiedlichen Ebenen.

Gesichtspunkte zur Untersuchung der Klangstrukturen

(1) Versmaß (Metrum):
Anzahl der Hebungen
Verteilung der Senkungssilben
- Wechsel von Hebung und Senkung (Alternation)
- Ständige Doppelsenkungen
- Freie Füllung zwischen den Hebungen

Gestaltung der Versgrenzen
- Einsatz mit Senkung (steigendes Versmaß) oder Hebung (fallendes Versmaß)
- Versende einsilbig (‚männliche' Kadenz) oder zweisilbig (‚weibliche' Kadenz)
- Übereinstimmung von Vers und syntaktischer Einheit oder syntaktische Verknüpfung zweier Verse (Enjambement)

Gliederung des Verses in Kola durch eine Zäsur

(2) Klangentsprechungen (Responsionen)
Vorhandensein von Reimen
Wiederholungen von Konsonanten (Konsonanzen, Alliterationen) und Vokalen (Assonanzen)

(3) Strophenbau
Aufeinanderfolge von Versen oder Verspaaren gleichen Metrums
Durch Responsion und Variation bedingte Gruppierung mehrerer Verse zu Strophen

(4) Funktionen der Klangstrukturen
Gliederung der Sinnabschnitte
Unterstreichung von Schlüsselwörtern
Verknüpfung zusammengehöriger Worte

6. Versmaße, Reimarten, Strophenformen

Im Bereich des Versmaßes, des Reims und des Strophenbaus stellt die literarische Tradition dem Dichter eine Vielfalt von Mustern zur Verfügung, die zu einem beträchtlichen Teil noch aus der Antike stammen.

Versmaße:
Um die verschiedenen Versmaße zu unterscheiden, führt man sie auf den kleinsten Baustein, den Takt (Versfuß), zurück. Im Deutschen wirkt der Wechsel von Hebung und Senkung in ähnlicher Weise ordnend wie in den antiken Literaturen der Wechsel zwischen langen und kurzen Silben. Zudem werden in der deutschen Dichtung zahlreiche antike Versmaße verwendet. Daher hat man die antiken Begriffe für die Taktarten übernommen:

Wolfgang Kayser: Kleine deutsche Versschule, 18. Aufl., Bern: Francke 1977

Zum Unterschied der Wortbetonung in den antiken Sprachen und im Deutschen vgl. S. 43.

(1) Zweisilbige Gruppen:

Jámbus – –́ (steigend)
Trocháus –́ – (fallend)

(2) Dreisilbige Gruppen:

Anapást – – –́ (steigend)
Dáktylus –́ – – (fallend)

Aus diesen Taktarten sind in der Lyrik folgende Versmaße gebildet:

1. Jambische Versmaße:
- Zweiheber
  Wie herrlich leuchtet
  Mir die Natur! . . . (Goethe, Maifest)
- Dreiheber
  Der Mond ist aufgegangen,
  Die goldnen Sternlein prangen . . .
  (Matthias Claudius, Abendlied)
- Vierheber
  Wem Gott will rechte Gunst erweisen,
  Den schickt er in die weite Welt . . .
  (Eichendorff, Der frohe Wandersmann)

Merke: Die Versenden können männliche oder weibliche Kadenz haben (vgl. S. 44).

Der jambische Sechsheber mit Zäsur nach der dritten Hebung heißt – nach seiner Verwendung in der altfranzösischen Alexanderepik – auch Alexandriner.

- Fünfheber
  Sein Blick ist vom Vorübergehn der Stäbe
  so müd geworden, daß er nichts mehr hält . . .
  (Rainer Maria Rilke, Der Panther)
- Sechsheber
  „Du siehst, wohin du siehst, nur Eitelkeit auf Erden,
  Was dieser heute baut, reißt jener morgen ein . . .“
  (Andreas Gryphius, Es ist alles eitel)

2. Trochäische Versmaße:

- Zwei- und Dreiheber
  „Seht den Felsenquell,
  Freudehell,
  Wie ein Sternenblick!
  Nährten seine Jugend
  Gute Geister
  Zwischen Klippen im Gebüsch . . .“
  (Goethe, Mahomets Gesang)
- Vierheber
  „Schläft ein Lied in allen Dingen,
  Die da träumen fort und fort . . .“
  (Eichendorff, Wünschelrute)
- Fünfheber
  „Jüngst im Traume sah ich auf den Fluten
  Einen Nachen ohne Ruder ziehn . . .“
  (Conrad Ferdinand Meyer, Lethe)
- Sechsheber
  „Aufgestanden ist er, welcher lange schlief,
  Aufgestanden unten aus Gewölben tief . . .“
  (Georg Heym, Der Krieg)

Merke: In daktylischen und anapästischen Versen finden sich neben dreisilbigen auch zweisilbige Versfüße.

3. Daktylische Versmaße:

- Sechsheber (Hexameter)
- Unvollständiger Sechsheber (Pentameter)
  Der Pentameter tritt nur mit dem Hexameter zum Doppelvers (Distichon) verbunden auf:

„Im Hexameter steigt des Springquells flüssige Säule, im
Pentameter drauf fällt sie melodisch herab.“
(Schiller, Das Distichon)

4. Anapästische Versmaße:

Sie werden in der Lyrik selten gebraucht. Ein Beispiel:
„Es lacht in dem steigenden jahr dir
Der duft aus dem garten noch leis . . .“
– –́ / – – –́ / – – –́ / (–)
(Stefan George, aus ‚Das Jahr der Seele‘ 1897)

Reimarten:
Reime sind regelmäßig an bestimmten Stellen, meist am Versende, wiederkehrende Klangmuster. Sie machen auf Bedeutungsbeziehungen aufmerksam. Reime lassen sich in dreifacher Hinsicht klassifizieren:

1. Lautliche Unterschiede:
- Reine Reime („Raub"/„Staub", „Frühe"/„Mühe")
- Unreine Reime („Weite"/„Geläute", „sprießen"/„grüßen")
- Identische Reime („Zweck"/„Zweck", „Ähre"/„Ähre")
- Doppelte Reime („Klanggeister"/„Sangmeister", „immerdar"/„nimmer wahr")

Vgl. den unreinen Reim bei Goethe, Faust 3587 ff., der sich durch den Frankfurter Dialekt erklärt:
„Ach neige,
Du Schmerzensreiche,
Dein Anlitz gnädig meiner Not!"

2. Zahl der reimenden Silben:
- Einsilbige (‚männliche') Reime („Raub"/„Staub")
- Zweisilbige (‚weibliche') Reime („Frühe"/„Mühe")
- Dreisilbige (‚gleitende') Reime („Sterblichen"/„verderblichen")

Zu den Begriffen ‚männlich' und ‚weiblich' s. S. 44.

3. Stellung im Vers:

a) Versanfang
- Anfangsreim
  „Krieg! ist das Losungswort,
  Sieg! und so klingt es fort..."
  (Goethe, Faust II 9837/8)
- Schlagreim (Zwei unmittelbar im gleichen Vers aufeinander folgende Worte oder Silben reimen.)
  „Quellende, schwellende Nacht,
  Voll von Lichtern und Sternen..."
  (Friedrich Hebbel, Nachtlied)
- Stabreim (Betonte Wörter am Versanfang beginnen mit dem gleichen Konsonanten.)
  „wer soll da noch auftauchen aus der flut,
  wenn wir darin untergehen?..."
  (Hans Magnus Enzensberger, weiterung)

b) Versende

Paarreim	aabb
Haufenreim	aaaa bbbb
Kreuzreim	abab
Umschließender Reim	abba
Zwischenreim	aabccb

Muster für Reimnotierung:
„Und Freud und Wonne a
Aus jeder Brust. b
O Erd, o Sonne, a
O Glück, o Lust!" b
(Goethe, Maifest)

c) Ganzer Vers
- Kehrreim (Refrain)

Der Kehrreim (Refrain) wiederholt nicht nur den Schlußvers („Schlafe ...“: Endkehrreim), sondern auch andere Verse bzw. Versteile („Die ewigen Gefühle“, „weichen Pfühle“: Binnenkehrreim).

Zur Herkunft dieses Liedes vgl. S. 97.

Beispiel:
In dem folgenden ‚Nachtgesang‘ von Goethe (1804) geben die Binnen- und Endkehrreime dem Gedicht den Charakter des Schlafliedes.

O, gieb, vom weichen Pfühle, a
Träumend, ein halb Gehör. b
Bey meinem Saitenspiele, a
Schlafe! was willst du mehr? b

Bey meinem Saitenspiele a
Segnet der Sterne Heer b
Die ewigen Gefühle; a
Schlafe! was willst du mehr? b

Die ewigen Gefühle a
Heben mich, hoch und hehr, b
Aus irdischem Gewühle; a
Schlafe! was willst du mehr? b

Vom irdischen Gewühle a
Trennst du mich nur zu sehr, b
Bannst mich in diese Kühle; a
Schlafe! was willst du mehr? b

Bannst mich in diese Kühle, a
Giebst nur im Traum Gehör, b
Ach! auf dem weichen Pfühle, a
Schlafe! was willst du mehr? b

Verwandt mit dem Stabreim sind die Klangentsprechungen, die als Assonanz (vokalischer Gleichlaut) und Konsonanz (konsonantischer Gleichlaut) an allen möglichen Stellen des Verses vorkommen können. Diese Erscheinung begegnet auch in der Alltagssprache, in der Redewendungen wie „bei **W**ind und **W**etter“, „mit **M**ann und **M**aus“, „**Ei**le mit W**ei**le“ sich großer Beliebtheit erfreuen.

Strophenformen:
Nach den Prinzipien der Responsion und Variation werden mehrere Verse und Versgruppen zu Strophen aufgebaut. Häufig vorkommende Strophenformen sind z. B.:

1. Die Liedstrophe

Sie kann in vielerlei Abwandlungen auftreten. Ihre einfachste Form besteht aus vier trochäischen Vierhebern (–́ – –́ – –́ – –́ –) mit Paar- oder Kreuzreim:

Kleine Blumen, kleine Blätter
streuen mir mit leichter Hand
gute junge Frühlingsgötter
tändelnd auf ein luftig Band.
Goethe, Mit einem gemalten Band, 1789

Das Gedicht stammt aus der Sesenheimer Zeit 1770/71. Goethe hatte – einer Mode der Zeit folgend – einige Bänder bemalt und sie mit diesem Gedicht an Friederike Brion geschickt.

Etwas differenzierter wird die Liedform im ‚Abendlied' von Matthias Claudius 1779 verwendet:

Der Mond ist aufgegangen,
die goldnen Sternlein prangen
am Himmel hell und klar;
der Wald steht schwarz und schweiget,
und aus den Wiesen steiget
der weiße Nebel wunderbar.

Hier besteht jede Strophe aus zwei Versgruppen, deren jede aus zwei jambischen Dreihebern mit weiblicher Kadenz (– –́ – –́ – –́ –) und einem mit männlicher Kadenz (– –́ – –́ – –́) gebildet wird. Während die siebensilbigen Verse jeweils durch Paarreim verbunden werden, sind die Sechssilbler durch Zwischenreim verknüpft (aabccb).

2. Das Distichon

Die Verbindung von Hexameter und Pentameter, für sich allein die Form des Epigramms, kann auch als Strophenform in längeren Gedichten vorkommen. Solche Gedichte heißen Elegien und enthalten – im Unterschied zur antiken Liebeselegie – in der deutschen Tradition vor allem Gedankenlyrik. Davon sind Goethes ‚Römische Elegien' und Schillers philosophische Gedichte von besonderer Bedeutung gewesen, zu denen ‚Der Spaziergang' (1795) gehört, dessen Verse 139–142 folgendermaßen lauten:

Das Gedicht, das 200 Verse umfaßt, ist einer der Höhepunkte klassischer deutscher Gedankenlyrik. Der ‚Spaziergang' beschreibt den Weg der Menschheit durch die Geschichte in seiner Spannung zur Natur. Der Begriff der ‚Gedankenlyrik' wurde erst 1850 in die Poetik eingeführt, um eine ‚Lyrik der Betrachtung' von der ‚Lyrik des Gefühls' und der ‚Lyrik der Anschauung' zu unterscheiden.

Seine Fesseln zerbricht der Mensch. Der Beglückte! Zerriss' er
Mit den Fesseln der Furcht nur nicht den Zügel der Scham!
Freiheit ruft die Vernunft, Freiheit die wilde Begierde,
Von der heilgen Natur ringen sie lüstern sich los.

3. Die Terzine

Die Form ist aus dem Italienischen übernommen (Dantes ‚Göttliche Komödie‘, etwa 1311–1321 entstanden, ist in Terzinen geschrieben). Je drei jambische Elfsilber sind durchgängig mit Hilfe des Reims verkettet (Kettenreim): aba bcb cdc usw. Goethe dichtet 1826 im Anblick von Schillers Schädel (Schiller war 1805 gestorben) angeregt:

Im ernsten Beinhaus wars, wo ich beschaute,
Wie Schädel Schädeln angeordnet paßten;
Die alte Zeit gedacht ich, die ergraute.

Sie stehn in Reih geklemmt, die sonst sich haßten,
Und derbe Knochen, die sich tödlich schlugen,
Sie liegen kreuzweis, zahm allhier zu rasten...

4. Das Sonett

Auch die Form des Sonetts ist aus den romanischen Literaturen zu uns gekommen. Die französische Form, die in der deutschen Barocklyrik verwendet wurde, besteht aus jambischen Sechshebern (sogenannten ‚Alexandrinern‘) und hat die Reimfolge abba abba ccd eed. Die italienische Form, in der unser Beispiel verfaßt ist, zeigt jambische Fünfheber und die Reimfolge abba abba cdc dcd. Einer Gruppe von zwei Strophen zu je vier Versen (Quartetten) folgt eine Gruppe von zwei Strophen zu je drei Versen (Terzetten).

In dem Sonett ‚Verfall‘ von Georg Trakl (1913) zeichnen die beiden Quartette den Abendfrieden, während das Thema ‚Verfall‘ den Terzetten vorbehalten bleibt.

Trakl (1887–1914), Apotheker; 1914 an der Ostfront vom Kriegserlebnis verstört, kam er ins Lazarett und starb dort den Freitod an einer Überdosis Kokain.

Am Abend, wenn die Glocken Frieden läuten,
folg ich der Vögel wundervollen Flügen,
die lang geschart, gleich frommen Pilgerzügen,
entschwinden in den herbstlich klaren Weiten.

Hinwandelnd durch den dämmervollen Garten
träum ich nach ihren helleren Geschicken
und fühl der Stunden Weiser kaum mehr rücken.
So folg ich über Wolken ihren Fahrten.

Da macht ein Hauch mich von Verfall erzittern.
Die Amsel klagt in den entlaubten Zweigen.
Es schwankt der rote Wein an rostigen Gittern,

indes wie blasser Kinder Todesreigen
um dunkle Brunnenränder, die verwittern,
im Wind sich fröstelnd blaue Astern neigen.

5. Die Ode

Die verschiedenen Formen der Odenstrophe sind von griechischen Lyrikern geschaffen worden, deren Namen sie auch tragen, und über die lateinische Dichtung zu uns gekommen. In ihnen finden wir alle vier der auf S. 49 vorgestellten Taktarten. Bei Hölderlin ist die Ode durchweg ohne Reim. Man unterscheidet:

Die alkäische Odenstrophe

– –́ / –   –́ / – –́ / – – –́ / – –́
– –́ / –   –́ / – –́ / – – –́ / – –́
– –́ / –   –́ / – –́ / –   –́ / –
–́ – – / –́ – – / –́ – / –́ –

Die Odenmaße sind nach griechischen Dichtern benannt (Alkaios um 600, Asklepiades um 300 vor Chr., die Dichterin Sappho um 600 vor Chr.).

Die asklepiadeische Odenstrophe

–́ – / –́ – – / –́ / –́ – – / –́ – / –́
–́ – / –́ – – / –́ / –́ – – / –́ – / –́
–́ – / –́ – – / –́ –
–́ – / –́ – – / –́ – / –́

Die sapphische Odenstrophe

–́ –   / –́ – / –́ – – / –́ – / –́ –
–́ –   / –́ – / –́ – – / –́ – / –́ –
–́ –   / –́ – / –́ – – / –́ – / –́ –
–́ – – / –́ –

Unser Beispiel ‚Lebenslauf', eine Strophe, die Hölderlin 1798 schrieb, zeigt das asklepiadeische Maß:

Hoch auf strebte mein Geist, aber die Liebe zog
schön ihn nieder; das Leid beugt ihn gewaltiger;
so durchlauf ich des Lebens
Bogen und kehre, woher ich kam.

Freie Rhythmen

Oden wurden auch jene in feierlichem Ton gehaltenen Gedichte genannt, für die ihr Schöpfer, Friedrich Gottlieb Klopstock (1724–1803), völlig auf Versmaß, Reim und Strophenfolge verzichtete und statt dessen sogenannte ‚freie Rhythmen' wählte. Seine 1764 verfaßte ‚Frühlingsfeier' beginnt so:

Klopstock, aus Quedlinburg, Theologiestudium, Hauslehrer in Langensalza, 1751 vom dänischen König nach Kopenhagen berufen, ab 1770 in Hamburg, Briefwechsel mit vielen Dichtern seiner Zeit.

Nicht in den Ocean
Der Welten alle
Will ich mich stürzen!
Nicht schweben, wo die ersten Erschaffnen,
Wo die Jubelchöre der Söhne des Lichts
Anbeten, tief anbeten,
Und in Entzückung vergehn!
Nur um den Tropfen am Eimer,
Um die Erde nur, will ich schweben,
Und anbeten!

Halleluja! Halleluja!
Auch der Tropfen am Eimer
Rann aus der Hand des Allmächtigen!
(...)

Die Verse sind von unterschiedlicher Länge, beginnen mit einer Hebung („ánbeten“ 6) oder mit einer Senkung („und ánbeten“ 10), die Zwischenräume zwischen den Hebungen können auch mit mehr als zwei Silben gefüllt sein (Vers 5: – – –́ – – – – – –́ – – –́). Die religiöse Begeisterung, mit der das lyrische Ich hier den Schöpfergott preist („Du, meine Harfe, preise den Herrn!“ 54/55), sprengt sozusagen die Fesseln der Form, um zu unmittelbarem Ausdruck zu gelangen. Dieser Ausdruck mit seinem poetischen Satzbau (z. B. 1–3 statt „Ich will mich nicht in den Ozean aller Welten stürzen“) und dem Wechsel von kurzen und langen Kola (z. B. die lange Nominalgruppe in 5, gefolgt von 6, wo das „anbeten“ so wiederholt wird, daß zwei Hebungen nebeneinander stehen: „tíef ánbeten“) übt im Verein mit den kühnen Bildern („Ozean der Welten“ ↔ „Tropfen am Eimer“) eine starke Wirkung selbst auf den heutigen Leser aus.

Storm schreibt am 10. 12. 1852 an Hartmuth Brinkmann: „Die Wirkung des Lyrikers besteht vorzüglich darin, daß er über Vorstellungen und Gefühle, die dunkel und halbbewußt im Leser (Hörer) liegen, ein plötzliches und neues Licht wirft.“

7. Poetische Stilmittel

Der Stil ist die besondere Art und Weise, in der ein Dichter, eine bestimmte literarische Richtung oder eine ganze Epoche die Wörter, Formen und syntaktischen Muster anwendet, welche die Sprache jedem Angehörigen der Sprachgemeinschaft anbietet. Bestimmte Stilmittel werden häufiger benutzt und gehen so in die literarische Tradition ein. Wie die Verssprache auf den rhythmischen Gegebenheiten der normalen Alltagssprache aufruht, so sind auch manche Stilmittel, die wir in der Lyrik finden, schon in der gewöhnlichen Prosa anzutreffen:
Die Mitteilung „Gestern warst du dran, heute bin ich an der Reihe" bildet einen Parallelismus der Satzglieder. Mancher Sprecher formuliert diese Mitteilung so: „Du warst gestern dran, heute bin ich an der Reihe." In diesem Fall sind die Satzglieder nach der Figur eines Chiasmus angeordnet:

Zum Chiasmus vgl. das Gedicht von Brecht auf S. 36.

Du ⟍ ⟋ gestern
heute ⟋ ⟍ ich

Wenn jemand sich beklagt: „Das hab' ich dir doch schon tausendmal gesagt!", verwendet er die Figur der Hyperbel, denn das Zahlwort ist eine Übertreibung. Der Sprecher hebt damit die Häufigkeit seiner vergeblichen Ermahnungen hervor. Oft wird die Polizei als „Auge des Gesetzes" bezeichnet. Hier wird die Möglichkeit der Umschreibung (Periphrase) des gemeinten Begriffs benutzt. In der Redewendung „Eile mit Weile" sind zwei Wörter mit gegensätzlichem Sinn zur Figur des Oxymorons verbunden. Drückt jemand sein negatives Urteil durch den Satz „Das ist ja eine schöne Bescherung!" aus, so wählt er das Stilmittel der Ironie usw. usw.
Über die Verssprache haben wir gesagt, daß sie nur eine besonders gestaltete Form der Prosasprache sei und deren rhythmische Gliederungsprinzipien strenger und einheitlicher anwende. In bezug auf die Stilfiguren können wir ähnliches sagen. Der lyrische Dichter wendet sie lediglich konsequenter und mit mehr Bedacht an, als dies in der Alltagssprache geschieht. Er setzt die Stilmittel ein, um dem Bedeutungsgefüge des Gedichts jene „stilistische Knappheit" zu geben, „die mit einem Minimum

Zum Verhältnis von Verssprache und Prosa vgl. oben S. 41.

Zum Begriff der ‚stilisierten Knappheit' vgl. oben S. 57ff.

sprachlicher Zeichen ein Maximum an Mitteilung ermöglicht".

Heinrich Lausberg: Elemente der literarischen Rhetorik, 7. Aufl., München: Max Hueber 1982

Die in der Lyrik immer wiederkehrenden Stilmittel werden meist – nach dem Vorbild der ‚literarischen Rhetorik' der Antike – in drei Gruppen eingeteilt:

- Mit den Wortfiguren sind die Mittel der Wortwahl und der Wortwiederholung gemeint, die der Dichter gebraucht, um den Ausdruck treffsicher und anschaulich zu machen und die Aufmerksamkeit des Lesers zu gewinnen.
- Die Satzfiguren bieten die Möglichkeit, den gleichen Zweck mit Hilfe des Satzbaus zu erreichen.
- Als Gedankenfiguren werden diejenigen stilistischen Möglichkeiten bezeichnet, mit denen die Textstruktur im ganzen gemäß der Intention des Dichters gestaltet werden kann, d. h. ohne Rücksicht auf eine bestimmte Wortwahl oder eine bestimmte Syntax.

Wortfiguren:

1. Figuren der Umschreibung:

Metapher (griech. = Übertragung)	Verbindung von Wörtern aus verschiedenen Bedeutungsbereichen	„Ein feste Burg ist unser Gott ..." (Martin Luther S. 107)
Metonymie (griech. = Umbenennung)	Übertragung aufgrund von Bedeutungsberührungen der verwendeten Wörter	„Das arglose Wort ist töricht" (Brecht S. 10): Gemeint ist: Wer arglos spricht, ist töricht
Personifikation (lat. = Zur Person machen	Vermenschlichung, d. h. Einführung von Begriffen und Dingen als handelnde und empfindende Wesen	„Da bin ich endlich!" (Mörike ‚Das Buch', S. 15)
Allegorie (griech. = es anders sagen)	Verwendung eines anschaulichen Wortes für ein unanschauliches Abstraktum	„der Stunden Weiser" (Trakl S. 54): Der Uhrzeiger macht die vorrückende Zeit sichtbar
Hyperbel (griech. = Darüber hinaus werfen)	Wahl eines Wortes, das gegenüber dem Kontext eine Übertreibung darstellt	„... Gespräch über Bäume fast ein Verbrechen ..." (Brecht S. 10): Gemeint ist, daß die Nazidiktatur keine Zeit für Naturlyrik sei

Ironie (Griech. = Verstellung)	Wahl eines Wortes, das etwas anderes sagt, als gemeint ist	„es rührte sie so hehre“ (Heine S. 8): Gemeint ist, daß diese Rührung ein Gefühlsklischee, also unecht sei
Litotes (griech. = Einfachheit, Schlichtheit)	Unterstreichung des Gemeinten durch Anführung auch des Gegenteils	„Nicht schweben... anbeten...“ (Klopstock S. 56): Die Notwendigkeit der Demut wird betont
Periphrase (griech. = Umschreibung)	Umschreibung durch Nennung von Merkmalen, Eigenschaften oder Teilen des Gemeinten	„Luft... Wald...Hügel und Felder“ (Fels S. 29): Gemeint ist die Natur – „die ersten Erschaffnen“ (Klopstock S. 56): d.h. die Engel
2. Figuren der Wortwiederholung:		
Wiederholung des gleichen Wortes	Akzentuierung einer Vorstellung	„Am grauen Strand, am grauen Meer“ (Storm S. 46)
Wiederholung bedeutungsähnlicher Wörter	Unterstreichung des Gemeinten durch Variation	„Rupft ein Hälmchen... nimmt ein Blättchen“ (Liliencron S. 28)
Worthäufung	Das Wort wird mit Gefühlswert besetzt	„Nun muß sich alles, alles wenden...“ (Uhland S. 7)
Paronomasie (griech. = Wortspiel)	Der Doppelsinn bestimmter Wörter wird zur Verkürzung und Intensivierung der Aussage verwendet	„Warum kann der lebendige Geist dem Geist nicht erscheinen?/Spricht die Seele, so spricht ach! schon die Seele nicht mehr.“ (Schiller, Sprache)
Anapher (griech. = Wiederaufnahme)	Hervorhebung eines Wortes durch Wiederholung am Versanfang	„Aufgestanden ist er... aufgestanden...“ (Heym S. 50): Gemeint ist, daß der Krieg die Menschen bedroht
Refrain (provenzal. = Wiederkehr der Wellen in der Brandung)	Durch die Wiederholung des ganzen Verses prägt sich die Aussage ein	„Nun muß sich alles, alles wenden!“ (Uhland S. 7)

Satzfiguren:

1. Weglassungsfiguren:

Asyndeton (griech. = Unverbundenes)	Eindringlichkeit der Aussage durch Verzicht auf Bindewörter	„Erfaßt. Verschärft." (Piontek S. 25)
Ellipse (griech. = Auslassung)	Vom Leser leicht ergänzbare Wörter werden weggelassen	(Es war ein) „süßes, seliges Verstecken" (Liliencron S. 28)
Zeugma (griech. = Verbindung, Joch)	Ein Verb wird mit zwei nicht zueinander passenden Ergänzungen verbunden	„Die Leute streichen auch ihre Familien an, die Autos, die Boote ..." (Krolow S. 23): Gemeint ist, daß die Leute ihre Familien neu einkleiden

2. Anordnungsfiguren:

Hyperbaton (griech. = Hinübersteigen)	Sperrung, d.h. Trennung gewöhnlich zusammenstehender Teile einer syntaktischen Einheit zur Hervorhebung der Wortgruppe	„Nicht in den Ozean der Welten alle ..." (Klopstock S. 56): Üblich ist die Folge „Ozean aller Welten"
Inversion (lat. = Umkehrung)	Umstellung der üblichen Wortfolge ohne Sperrung, zur Akzentuierung und auch aus rhythmischen Gründen	„Vorbei gleiten zwei Faltboote ..." (Brecht S. 36): Statt „Zwei Faltboote gleiten vorbei ..."
Parallelismus (griech. = Nebeneinander)	Gleichmäßiger Bau zweier aufeinander folgender syntaktischer Einheiten	„Zwei Segel/erhellend/die tiefblaue Bucht → Zwei Segel/sich schwellend/zu ruhiger Flucht" (C. F. Meyer S. 33)
Chiasmus (griech. = Form des Buchstabens Chi	Überkreuzstellung entsprechender Satzteile in zwei aufeinander folgenden Sätzen oder Satzabschnitten	„Nebeneinander rudernd sprechen sie. / Sprechend rudern sie nebeneinander." (Brecht S. 36)
Klimax (griech. = Leiter)	Anordnung von Wörtern oder Sätzen nach stufenweiser Steigerung in Inhalt oder Intensität der Aussage	„säuseln... weben... schaffen..." (Uhland S. 7) „Das arglose Wort ist töricht/Eine glatte Stirn... Unempfindlichkeit/Der Lachende... die furchtbare Nachricht... nicht empfangen" (Brecht S. 10)

Gedankenfiguren:

1. Publikumsbezogene Figuren:

Anrede	Das Publikum wird in den Text miteinbezogen	„Seht den Felsenquell ..." (Goethe)
Apostrophe (griech. = Abwendung)	Das ‚lyrische Ich' wendet sich (vom Leser weg) zu seinem Gegenstand hin oder spricht abwesende Personen an	„Frühling, ja, du bist's! dich hab ich vernommen!" (Mörike S. 18) „Wir sehn uns bald, wir werden reden ..." (Borchers S. 30)
Rhetorische Frage	Das ‚lyrische Ich' kleidet seine Aussage in eine Frage	„Schlafe! was willst du mehr?" (Goethe S. 52): Statt: „Mehr bedarf es nicht"

2. Gegenstandsbezogene Figuren:

Definition (lat. = Abgrenzung)	Das ‚lyrische Ich' bestimmt seinen Gegenstand deutlich	„Wem Gott will rechte Gunst erweisen, den schickt er in die weite Welt" (Eichendorff): Wer ist ein Liebling Gottes?
Antithese (griech. = Gegenüberstellung)	Mit dieser Figur wird ein Gegensatz, ein Abstand, eine Unvereinbarkeit zweier Dinge verdeutlicht und thematisiert	„Nicht in den Ozean ... nur um den Tropfen am Eimer ..." (Klopstock S. 56)
Oxymoron (griech. = geistreich dumm)	Verbindung widersprüchlicher Vorstellungen in einem Ausdruck	„Ich wußte, ungenau ..." (Borchers S. 30) „Du bist tot lebendig, ich bin lebendig tot" (Martin Opitz)
Korrektur (lat. = Berichtigung)	Das ‚lyrische Ich' korrigiert sich selbst, um den Leser auf ein Problem aufmerksam zu machen	„Deutlich nahe kommt uns die Wahrheit. Scheinbar." (Piontek S. 25)

8. Inhalte der Lyrik

Um die knappe Unterscheidung für all das zu finden, was bei der Rezeption eines sprachlichen Kunstwerks durch den Leser zusammenspielt, hat Oskar Walzel 1923 das Begriffspaar ‚Gehalt und Gestalt' geprägt. Dabei bezieht sich ‚Gehalt' darauf, was in einem Sprachkunstwerk ausgesagt ist, und ‚Gestalt' darauf, wie es ausgesagt wird. In den vorangehenden Kapiteln haben wir uns mit Fragen der ‚Gestalt' beschäftigt, mit Problemen der Form, der Struktur, des Stils usw., nun sind Fragen des ‚Gehalts' an der Reihe, also Probleme des Stoffs, des Inhalts, der Themen und Motive, die im Gedicht behandelt werden. Dabei ergibt sich bei der Lyrik die Schwierigkeit, inwieweit man von einem Gedicht überhaupt Inhaltsangaben machen kann, etwa so, wie ein ‚Romanführer' die Inhaltsangaben von Romanen oder ein ‚Schauspielführer' solche von Dramen gibt. Denn wenn es sich nicht gerade um ein erzählendes Gedicht, z. B. eine Ballade, handelt, finden wir in einem Gedicht keinen ‚Stoff', keine bestimmte Welt mit bestimmten Personen und Ereignissen wie im Roman oder Drama. Die ganze stoffliche Substanz eines Gedichts besteht eigentlich nur aus einem oder mehreren Motiven, also inhaltlichen Elementen, aus denen sich der ‚Gehalt' aufbaut. Diesen Unterschied zwischen Stoff und Motiv können wir uns am Beispiel des Faust-Dramas klarmachen. In ihm ist die Gretchen-Handlung ein Stoff, der auch außerhalb des Werkes existiert und schon von anderen Dichtern bearbeitet ist, z. B. von dem Sturm-und-Drang-Dichter Heinrich Leopold Wagner in seiner Tragödie ‚Die Kindermörderin' (1776). Die Teufelspakt-Handlung ist dagegen ein Motiv, das als inhaltlicher Bestandteil vieler verschiedener Stoffe fungieren kann wie z. B. in Goethes ‚Faust' und Carl Maria von Webers Oper ‚Der Freischütz' (1821), die beide nichts miteinander zu tun haben.

Vgl. Elisabeth Frenzel: Stoff-, Motiv- und Symbolforschung, Sammlung Metzler 28, Stuttgart 1963

Unter inhaltlichen Gesichtspunkten können wir beim Gedicht mehrere Ebenen unterscheiden:

- Die eigentliche Ebene des ‚Gehalts' wird beim Gedicht durch die Idee, das Thema oder Problem, auch die Stimmung gebildet, bei deren Gestaltung alle Elemente des Gedichts zusammenwirken.

- Dieser ‚Gehalt' wird durch ein bestimmtes Motivgefüge zustandegebracht, d.h. mehrere Motive, die sich alle auf ein bestimmtes Thema, ein Problem, eine Idee beziehen oder eine bestimmte Stimmung hervorbringen.
- Die Motive wiederum sind aus kleineren Bestandteilen aufgebaut, aus einzelnen Wendungen und bildhaften Ausdrücken, wie sie der Dichter benutzt, um nicht über die Dinge zu reden, sondern sie sprachlich zu vergegenwärtigen.

Nehmen wir noch einmal das Gedicht ‚Robinson' von Christa Reinig als Beispiel:

Das Gedicht wird auf S. 47f. nach seiner rhythmischen Gestalt behandelt.

manchmal weint er wenn die worte
still in seiner kehle stehn
doch er lernt an seinem orte
schweigend mit sich umzugehn

und erfindet alte dinge
halb aus not und halb im spiel
splittert stein zur messerklinge
schnürt die axt an einen stiel

kratzt mit einer muschelkante
seinen namen an die wand
und der allzu oft genannte
wird ihm langsam unbekannt

Die Robinson-Handlung, an die der Leser durch den Titel des Gedichts erinnert wird, ist ein Stoff, der außerhalb des Gedichts existiert und oft literarisch bearbeitet worden ist, z.B. von Daniel Defoe in dem Roman ‚The Life and Strange Surprising Adventures of Robinson Crusoe of York, Mariner' (1719). Man kann aber hier nicht von einer neuen Bearbeitung dieses Stoffes sprechen. Vielmehr werden ihm nur einzelne Motive entnommen und in einen neuen Zusammenhang gebracht. Robinson ist von jeder Kommunikation ausgeschlossen, hat keinen Gesprächspartner, muß lernen, „schweigend mit sich umzugehn" (1–4). Ein zweites Motiv aus dem Robinson-Stoff ist das ‚Erfinden alter Dinge' (5–8). An seiner Verwendung kann man sehen, wie die Motive in einen ganz anderen Zusammenhang aufgenommen sind, als ihn die Robinson-Handlung bildet. Während bei Defoe der Schiffbrüchige nie in Gefahr ist, seine Identität zu verlieren, ja diese durch die ständige Selbstreflexion so

Vgl. Elisabeth Frenzel: Stoffe der Weltliteratur, Kröners Taschenausgabe Band 300, 4. überarb. Aufl., Stuttgart 1976, S. 637–639

vertieft, wie es ihm in seinem früheren Leben nie möglich war, benutzt Christa Reinigs Robinson eins seiner primitiven Werkzeuge dazu, seinen Namen ,in die Wand zu ritzen' (9–12). Das Namensmotiv deutet den Prozeß an, der aus dem Zustand, in dem „der allzu oft genannte" Name (11) ein Zeichen dafür ist, daß alle mit ihm sprechen, in die Vereinsamung führt, wo sein eigener Name „ihm langsam unbekannt" wird. In dieser Form ist das Namensmotiv stofffremd. Bei Defoe hat Robinson seinem Papagei beigebracht, seinen Namen zu rufen und sozusagen das Von-anderen-Angesprochenwerden zu simulieren. Das Thema der Selbstentfremdung, das den ,Gehalt' des Gedichts ausmacht, ist kein Thema des Robinson-Romans.

Daniel Defoe: Leben und wunderbare Abenteuer des Robinson Crusoe, Seemanns aus York, übers. von Hans Reisiger, Zürich: Manesse 1957, S. 255ff.

Das Motivgefüge ist dadurch gekennzeichnet, daß die Bilder, aus denen es aufgebaut wird, alle das Prozeßhafte der Entfremdung veranschaulichen: Er „lernt" den ,schweigenden Umgang mit sich selbst', er „erfindet" Stück für Stück „alte Dinge", da er mit Personen nicht mehr umgehen kann, der ,Name', den er mit einem dieser ,alten Dinge' „an die Wand" „kratzt", „wird ihm langsam unbekannt". Durch die Reihe der Werkzeuge („messerklinge", „axt", „muschelkante") ist das zweite Motiv (Erfinden alter Dinge) mit dem dritten (Fremdwerden des Namens) verbunden.

So läßt sich der inhaltliche Aufbau des Gedichts im Schema folgendermaßen verdeutlichen:

Ebene des Gehalts:
Thema und Stimmung der zunehmenden Vereinsamung und Kommunikationslosigkeit

Ebene des Motivgefüges:
Motiv 1: Verstummen und schweigender Umgang mit sich selbst
Motiv 2: Erfinden alter Dinge „aus Not" und „im Spiel"
Motiv 3: Unbekanntwerden des eigenen Namens

Ebene der Einzelbilder:
Stillstehn der Worte in der Kehle/Schweigenlernen/Herstellen von Messerklinge, Axt, Benutzung der Muschelkante als Schreibwerkzeug/Einritzen des Namens

Mit dem letzten Bild, dem Einritzen des Namens in die Wand, ist der Robinson-Stoff, das Muster des Insel-

Daseins, zugunsten einer ganz anderen Vorstellung verlassen: Robinson ritzt seinen Namen in die Wand einer Gefängniszelle.

Ungefähr aus der gleichen Zeit wie das Beispiel von Christa Reinig stammt ein anderes Robinson-Gedicht aus der Feder von Karl Krolow (geb. 1915), nämlich aus dem Jahr 1958:

Über Karl Krolow vgl. S. 23.

Immer wieder strecke ich meine Hand
Nach einem Schiff aus.
Mit der bloßen Faust versuche ich,
Nach seinem Segel zu greifen.
Anfangs fing ich
Verschiedene Fahrzeuge, die sich
Am Horizont zeigten.
Ich fange Forellen so.
Doch der Monsun sah mir

Auf die Finger
Und ließ sie entweichen,
Oder Ruder und Kompaß
Brachen. Man muß
Mit Schiffen zart umgehen.
Darum rief ich ihnen Namen nach.
Sie lauteten immer
Wie meiner.

Jetzt lebe ich nur noch
In Gesellschaft mit dem Ungehorsam
Einiger Worte.

Statt des strengen Versmaßes (trochäische Vierheber) und Strophenbaus (Abwechseln weiblicher und männlicher Kadenzen, Reimschema abab) bei Christa Reinig haben wir hier prosanahe Rhythmen und wechselnde Zeilenlänge. Der wesentliche Unterschied liegt aber darin, daß das ‚lyrische Ich' bei Christa Reinig Robinsons Situation erzählt („er"), während es hier als Robinson spricht („ich"). Das heißt, wir haben ein Rollengedicht vor uns. Gemeinsam sind den beiden Gedichten zwei Motive:

- Das Motiv des sprachlichen Verhaltens (Reinig: Stillstehn der Worte „in seiner Kehle"/Krolow: „Mit dem Ungehorsam einiger Worte" leben (18–20) und
- das Namensmotiv (Reinig: Einkratzen des eigenen Namens in die Wand/Krolow: Nachrufen von Namen, die immer wie der eigene lauten 15–17).

Rollengedicht: Form, in der das ‚lyrische Ich' sich einer Figur bedient, um dieser seine Aussage in den Mund zu legen (z. B. in ‚Der Spinnerin Nachtlied' von Brentano S. 127). In dem S. 15 zitierten Gedicht ist diese Figur die Personifikation eines Dinges: ‚Das Buch.'

„Der Begriff ‚Thematik' bezeichnet den eigentlichen Aussagegehalt, das, was man gemeinhin ‚Sinn', ‚Gehalt', ‚Problematik' oder gelegentlich gar ‚Anliegen' nennt. Fragen wir nach dem Thema, so kommt es uns darauf an, zu erfassen, was ... in dem ... Text zum Ausdruck kommt, welcher gedankliche Hintergrund sichtbar wird." (Jürgen H. Petersen in: Dieter Gutzen u. a.: Einführung in die neuere deutsche Literaturwissenschaft, 4. überarb. Aufl., Berlin: Erich Schmidt 1981, S. 13)

Während aber Christa Reinigs Robinson völlig allein und nur mit sich und den „alten Dingen" beschäftigt ist, die er erfindet, versucht Krolows Robinson, Schiffe zu ‚fangen', die sich „am Horizont" zeigen, hat also noch Hoffnung, in Kommunikation mit anderen Wesen zu treten, sonst würde er nicht immer wieder versuchen, Kontakt aufzunehmen. Durch dieses Motiv der versuchten Kontaktaufnahme, ausgeführt durch Bilder aus dem Bereich der Seefahrt, erhält Krolows Robinson-Gedicht einen völlig anderen ‚Gehalt', ein anderes Thema. Nicht mehr nur das Faktum der Vereinsamung, wie bei Christa Reinig, ist der Gegenstand des Gedichts, sondern auch die Erklärung, wie es zu diesem Faktum kommt. Mit Karl Krolows eigenen Worten:

> „Der Versuch, ‚mit der bloßen Faust' seine isolierte Lage zu ändern, indem man zum Nächstbesten greift, hier nach dem ersten Schiff, das am Horizont auftaucht und das man an sich ziehen möchte. Aber das dann doch – wie die folgenden – verlorengeht, durch die Finger schlüpft. Man rettet sich nicht aus seiner Isolation, indem man auf beliebigen und leichten Fang ausgeht (‚Ich fange Forellen so'). Immer kommt einem etwas dazwischen: Monsun oder Ruderbruch und ausfallender Kompaß. Denn ‚Man muß mit Schiffen zart umgehen'. Man kann seine Versuche nicht der bloßen Faust, dem schieren Zugreifen und der leichten, sich anbietenden Gewohnheit (als finge man Forellen) anvertrauen. Man muß seine Empfindlichkeit mobilisieren, seine Sensitivität aufbieten. Man muß ‚zart umgehen', um dann allerdings zu erfahren, daß auch auf diese Weise wenig erreicht wird und man noch mit den zärtlichsten Zurufen, den sensibelsten Verbindungsversuchen auf sich verwiesen bleibt. Es scheint geradezu so, als wenn – ganz ohne Faustrecht und Lässigkeit, in der Behutsamkeit einer Kontaktaufnahme – man am hartnäckigsten auf die eigene Intention zurückfiele. Damit auch auf das Egoistische seines Versuchs, auf die Automatik eines solchen Egoismus. Einsamkeit der Eigenliebe ..."
> (Hilde Domin [Hg.]: Doppelinterpretationen, Fischer Taschenbuch 1060, Frankfurt am Main 1969, S. 155)

Am Ende aber bleibt dem ‚lyrischen Ich' nur die Gesellschaft der unfolgsamen Worte, d. h. Worte, deren es sich nicht sicher ist, die ihm Widerstand leisten, kurz: es bleibt ihm die eigene dichterische Existenz.
Hier könnten wir uns den inhaltlichen Aufbau des Gedichts schematisch so veranschaulichen:

Ebene des Gehalts:
Thema und Problem der Kontaktaufnahme, die einmal durch äußere Hindernisse, dann aber durch mangelnde Sensibilität beim Umgang mit anderen gefährdet wird

Ebene des Motivgefüges:
Motiv 1: Versuche der Kontaktaufnahme (Menschen gewinnen)
Motiv 2: Namensmotiv (Statt des anderen sich selbst meinen)
Motiv 3: Sprachmotiv (Sich mit seinen eigenen Worten auseinandersetzen)

Ebene der Einzelbilder:
Ausstrecken der Hand nach einem Schiff/Mit der Faust ins Segel greifen/Fahrzeuge wie Forellen fangen/Monsun, Ruder- und Kompaßbruch/Zarter Umgang mit Schiffen/Nachrufen des eigenen Namens/In Gesellschaft ungehorsamer Worte leben

Inhaltliche Gesichtspunkte spielen die entscheidende Rolle, wenn Gedichte zum Vergleich ausgewählt werden. Man spricht in einem solchen Fall zwar gewöhnlich von ‚motivgleichen Gedichten', doch muß jeweils deutlich gemacht werden, auf welcher der oben aufgewiesenen Ebenen eine Vergleichbarkeit der Gedichte gegeben ist. Die beiden Robinson-Gedichte wurden nicht nur im Hinblick auf den Umstand verglichen, daß sie sich mit ihrem Titel auf den Stoff des Robinson-Romans beziehen, sondern ihre Vergleichbarkeit liegt sowohl auf der Ebene des Gehalts, d.h. sie sind sich im Thema ähnlich, wie auf der Ebene des Motivgefüges, d.h. ihnen sind bestimmte Motive gemeinsam. Aber lohnenswert ist der Vergleich eigentlich wegen der unterschiedlichen Verarbeitung des Themas von der Einsamkeit des modernen Individuums, die bei Christa Reinig auf die Klage über den Selbstverlust, bei Karl Krolow aber auf Selbstbehauptung in einer kritisch erkannten Situation hinausläuft.
Gleiche Motive können also durch die Art ihrer Ausführung zu unterschiedlicher thematischer Aussage führen, z.B. das Motiv ‚Leiden der Liebe' in den folgenden beiden Gedichten:

Robert Hippe, Edgar Neis: Interpretationen motivgleicher Gedichte in Themengruppen, Hollfeld/Ofr.: Bange-Verlag, mehrere Bände (z. B. Liebe, Tod, Jahreszeiten, Städte und Landschaften u. a.)

(1) Stiller Schrei

Wenn du nur zuweilen lächelst,
Nur zuweilen Kühle fächelst
Dieser ungemessnen Glut –

In Geduld will ich mich fassen
Und dich Alles treiben lassen,
Was der Liebe wehe tut.

Georg Friedrich Daumer (1800–1875)

(2) Fragile

Wenn ich jetzt sage
ich liebe dich
übergebe ich nur
vorsichtig das Geschenk
zu einem Fest das wir beide
noch nie gefeiert haben

Und wenn du gleich
wieder allein
deinen Geburtstag
vor Augen hast
und dieses Päckchen
ungeduldig an dich reißt
dann nimmst du schon
die scheppernden Scherben
gar nicht mehr wahr

Karin Kiwus (geb. 1942)

Karin Kiwus, Studium der Publizistik, Germanistik, Politologie in Berlin, Sekretärin der Abtg. Literatur der Akademie der Künste in Berlin, maßgebend in der seit 1970 einsetzenden Lyrik-Renaissance, die als ‚Neue Subjektivität' bezeichnet wird.

Die beiden Strophen von Daumer, der im vorigen Jahrhundert vor allem durch seine Übertragungen orientalischer Lyrik bekannt wurde, zeigen die uns bekannten trochäischen Vierheber unterschiedlicher Kadenz, diesmal mit dem Reimschema aab ccb. Das ‚lyrische Ich' äußert also wohlüberlegt seine Leidensbereitschaft. Das Reimpaar „fassen"/„lassen", das die „Geduld" lautlich symbolisiert, steht dem Reimpaar „lächelst"/„fächelst" gegenüber, in dem die Anmut der Geliebten klanglich zum Ausdruck kommt. Daß Liebe und Leiden an der Liebe zusammengehören, zeigt die Entsprechung der beiden Strophenenden „Glut"/„wehe tut".
Das Gedicht (2) ist ohne Versmaß und Reim, doch durch den Sprachduktus von gewöhnlicher Prosa unterschieden und in einem Rhythmus gehalten, der verdeutlicht, wie zart man mit einem Gegenstand umgehen muß, der das Schild ‚Zerbrechlich' (ital. oder franz. ‚fragile') trägt. Die Liebeserklärung wird mit der Übergabe eines Geschenks

verglichen, der Akzent liegt auf der Entgegennahme dieses Geschenks: Der Beschenkte denkt nur an sich (seinen Geburtstag) und „reißt“ es „ungeduldig“ an sich. Dabei geht das Geschenk kaputt (lautmalend die „schep-pernden Scherben“), d. h. die angebotene Liebe wird durch den Egoismus des Geliebten zerstört. Während das ‚lyrische Ich‘ in (1) unbeirrt an der Liebe festhält und für jedes kleine Zeichen der Gegenliebe („Kühle fächelst dieser ... Glut“) dankbar ist, beklagt es sich in (2) über das Verhalten des Geliebten. Die Frage, inwieweit es bereit ist zu verzeihen, bleibt offen. Das Bekenntnis „ich liebe dich“ (2) wird zum Problem, worin sich auch der historische Abstand der beiden Gedichte ausdrückt: In unserer Zeit werden die Beziehungen der Geschlechter soziologisch, psychologisch usw. in Frage gestellt. Man kann auch Gedichte vergleichen, die in Thematik und Motiven übereinstimmen, um die Aufmerksamkeit ganz auf die Ausführung derselben durch die bildlichen Details zu lenken.

Ein schon aus der Antike stammendes Motiv für das Thema ‚Todesstimmung‘ ist die Vorstellung vom Fährmann, der die Verstorbenen über den Unterweltfluß setzt. Die folgenden beiden Beispiele verwenden dieses Motiv:

Charon: im griech. Mythos der Fährmann, der die Toten über den Grenzfluß der Unterwelt (Acheron, Styx) fährt. Eine dem Toten in den Mund gelegte Münze galt als Fährgeld.

(1) Im Spätboot

Aus der Schiffsbank mach ich meinen Pfühl.
Endlich wird die heiße Stirne kühl!
O wie süß erkaltet mir das Herz!
O wie weich verstummen Lust und Schmerz!
Über mir des Rohres schwarzer Rauch
Wiegt und biegt sich in des Windes Hauch.
Hüben hier und wieder drüben dort
Hält das Boot an manchem kleinen Port:
Bei der Schiffslaterne kargem Schein
Steigt ein Schatten aus und niemand ein.
Nur der Steurer noch, der wacht und steht!
Nur der Wind, der mir im Haare weht!
Schmerz und Lust erleiden sanften Tod.
Einen Schlummrer trägt das dunkle Boot

Conrad Ferdinand Meyer (1825–1898)

(2) Der geheimnisvolle Nachen

Gestern nachts, als alles schlief,
Kaum der Wind mit ungewissen
Seufzern durch die Gassen lief,
Gab mir Ruhe nicht das Kissen,
Noch der Mohn, noch, was sonst tief
Schlafen macht, – ein gut Gewissen.

Endlich schlug ich mir den Schlaf
Aus dem Sinn und lief zum Strande.
Mondhell wars und mild, ich traf
Mann und Kahn auf warmem Sande,
Schläfrig beide, Hirt und Schaf: –
Schläfrig stieß der Kahn vom Lande.

Eine Stunde, leicht auch zwei,
Oder wars ein Jahr? – da sanken
Plötzlich mir Sinn und Gedanken
In ein ewges Einerlei,
Und ein Abgrund ohne Schranken
Tat sich auf: – da wars vorbei!

– Morgen kam: auf schwarzen Tiefen
steht ein Kahn und ruht und ruht...
Was geschah? so riefs, so riefen
Hundert bald: Was gab es? Blut? – –
Nichts geschah! Wir schliefen
Alle – ach, so gut! so gut!

Nietzsche, Sohn eines lutherischen Pfarrers, bis 1879 Professor für Klassische Philologie in Basel, 1889 geistig umnachtet. Sein Satz „Gott ist tot" läutete die Moderne ein. Er schrieb seine philosophischen Werke nicht in systematischer, sondern in aphoristischer Form mit lyrischen Einlagen. Er gilt als der erste moderne deutsche Lyriker.

In (1) kehrt das ‚lyrische Ich' mit dem letzten Boot über den Zürichsee zurück. In trochäischen Fünfhebern mit durchweg männlicher Kadenz und regelmäßig abwechselnden Reimen (aabbcc usw.) wird Zug um Zug sowohl das Thema ‚Tod' wie das Motiv des Charon ausgeführt. Das Kühlwerden der Stirn (2), das Erkalten des Herzens (3), das Verstummen von Lust und Schmerz (4) sind Hinweise auf den Tod (das Wort kommt erst in 13), der schwarze Rauch (5), der karge Schein der Laterne (9), das Aussteigen des Schattens (10: Niemand steigt ein, d.h. von hier gibt es keine Wiederkehr), der wachende Steurer (11) sind die Elemente, aus denen sich im Leser allmählich das Bild des dunklen Hades und des Fährmanns mit seinem Kahn aufbaut. Auch der Schlaf als ‚Bruder des Todes' gehört zu den antiken Vorstellungselementen, die hier als Konnotat vorgegeben sind.

Im Gegensatz zu (1) ist das Gedicht (2) sehr sparsam mit Rezeptionsvorgaben, aus denen sich der Leser das Bild des mythischen Schattengeleiters zusammensetzen kann. Während sich in (1) der nächtliche Zürichsee leicht in den dunklen Unterweltstrom Acheron verwandeln ließ, der „Steurer" in die Funktion des Charon eintrat, bleiben in (2) „Mann und Kahn" (10) merkwürdig unkonturiert. Dafür kommt hier ein zusätzliches Motiv zum Tragen, das bei (1) nur im Titel angedeutet ist („Spätboot"), nämlich das Zeitmotiv. Nietzsches Gedicht ist ja im Unterschied zu C. F. Meyers ruhig dahinfließenden Versen die aufregende Wiedergabe eines Erlebnisses, das in einer Art von ‚Herausfallen aus der Zeit' bestand. Daher ist die dritte Strophe der Kern des Gedichts: Die Ununterscheidbarkeit von Stunde und Jahr (13/14), das Versinken der Gedanken ins „Einerlei" (14–16), der „Abgrund", der sich auftat (17/18), sind hier die Kennzeichen des Todes. Doch handelt es sich um ein Augenblickserlebnis, das sogleich vorbei ist (18). Die ersten beiden Strophen leiten darauf hin, die letzte Strophe bildet den Abgesang, die Rückkehr ins Alltagsleben: Es war nichts (23). Beim lauten Lesen der beiden Gedichte fallen auch die klanglichen Unterschiede auf: Die Verse von (1) sind (abgesehen von dem Einschnitt vor dem Relativsatz in 11 und 12) ohne Zäsuren. Nietzsches Verse dagegen lassen sich nicht in ruhiger Gleichmäßigkeit lesen, sondern zwingen dem Leser den Duktus der aufgeregten, eindringlichen Mitteilung auf, deren Rhythmus frei mit dem Versmaß (trochäische Vierheber mit abwechselnd männlicher und weiblicher Kadenz und entsprechendem Reimschema ababab) umspringt, wie man an den vielen Zäsuren unterschiedlicher Länge merkt.

Zu dem philosophischen Hintergrund des Gedichts von Nietzsche vgl. S. 134.

Vergleiche, die von einer Übereinstimmung der Gedichte in Thema und Motiven ausgehen, sind besonders geeignet, die inhaltliche, klangliche und sprachlich-stilistische Ausführung von Thematik und Motivgefüge zu untersuchen. Natürlich werden dabei charakteristische Unterschiede auf allen drei Ebenen festgestellt. Denn die Begriffe des eigentlichen ‚Gehalts' (Idee, Thema, Problem, Stimmung), des ‚Motivs' und des ‚Bildes' sind zwar unterscheidbare Kategorien für die Analyse und den Vergleich von Gedichten, bezeichnen aber nicht unabhängig voneinander existierende Phänomene in der Wirklichkeit, sondern unterschiedliche Gesichtspunkte, unter denen ein einheitliches Phänomen, das lyrische Gedicht, betrachtet werden kann. Es kann also vorkommen, daß sich ein bestimmtes, bei der Analyse entdecktes Merkmal des Gedichts nicht eindeutig einer Kategorie zuweisen läßt. Eine solche Zuweisung ist weniger wichtig als das Auffinden des Merkmals und seine Verknüpfung mit anderen mit Hilfe der Kategorien und ihrer Anordnung auf drei Ebenen. Der folgende Raster ist also ein Instrument, mit dem die ergiebigsten Fragen an ein Gedicht gestellt werden können:

Gesichtspunkte des Inhalts

(1) Ebene des Gehalts: Welche Idee, welches Thema oder Problem wird im Gedicht sprachlich gestaltet; welche Stimmung faßt seine Einzelheiten zusammen?

(2) Ebene des Motivgefüges: Aus welchen inhaltlichen Elementen und Grundmustern wird der Gehalt aufgebaut?

(3) Ebene der Einzelbilder: Wie ist das Motivgefüge sprachlich realisiert? Welche Einzelwendungen und bildhaften Ausdrücke verwendet der Dichter dazu?

Zeitlose, immer wiederkehrende (‚permanente'), Motive finden sich in den Gedichten vieler Völker und Epochen und werden jederzeit und überall verstanden. Zeitgebundene (‚historische') Motive sind für eine bestimmte geschichtliche Lage charakteristisch und können veralten, wenn deren Themen und Probleme nicht mehr aktuell sind. Ihr Verständnis bedarf dann eines Kommentars.

Auf der Ebene der Motive müssen wir noch eine wichtige Unterscheidung nachtragen, auf die wir schon anläßlich des Vergleichs der beiden Liebesgedichte S. 68 hingewiesen haben: Es gibt sozusagen ‚zeitlose' und zeitgebundene Motive.

Im Vorwort von Sammlungen ‚motivgleicher Gedichte' werden oft Goethes Bemerkungen zitiert, die Johann Peter Eckermann unter dem 18. 1. 1825 notiert hat. Sie betreffen immer wiederkehrende Motive von Liebesgedichten, z.B. Klage des verschmähten Liebhabers oder Vorfreude des Mädchens auf den Geliebten usw. Goethe meint dazu:

„Die Welt bleibt immer dieselbe, die Zustände wiederholen sich, das eine Volk lebt, liebt und empfindet wie das andere, warum sollte denn der eine Poet nicht wie der andere dichten? Die Situationen des Lebens sind sich gleich, warum sollten denn die Situationen der Gedichte sich nicht gleich sein?"

Das ist natürlich nur die halbe Wahrheit, welche die Vergleichbarkeit der Gedichte begründet. Das ist aber nur die Voraussetzung für einen Vergleich, während das

Ziel eines solchen Vorhabens in der Intention liegt, die Unterschiede der verglichenen Texte herauszuarbeiten und dadurch jeden von ihnen genauer zu erkennen und zu verstehen.
Außerdem treffen Goethes Worte nur eine Art von lyrischen Motiven, jene nämlich, die wir ‚zeitlos' genannt haben, wie sie zu allen Zeiten bei vielen Völkern in der Lyrik zu finden sind. Es gibt aber auch Motive, die an eine bestimmte geschichtliche Situation gebunden sind. Ihre Unterschiede machen den Vergleich von Gedichten aus verschiedenen Epochen lohnend. Den Blick in die umgebende Natur erlebt das ‚lyrische Ich' bei Eduard Mörike (1804–1875) noch auf die folgende Weise:

September-Morgen

Im Nebel ruhet noch die Welt,
Noch träumen Wald und Wiesen:
Bald siehst du, wenn der Schleier fällt,
Den blauen Himmel unverstellt,
Herbstkräftig die gedämpfte Welt
In warmem Golde fließen.

Das Gedicht entstand im Jahr 1827. Das Motiv des Herbstmorgens dient einer Aussage, in der das Einverständnis des Menschen mit der Natur zum Ausdruck kommt. Das ‚Naturgedicht' von Jürgen Becker (geb. 1932) lautet:

Jürgen Becker, aus Köln, Hörfunkredakteur, will bewußt subjektiv schreiben, „um beim Leser verdrängte Erinnerungen zu wecken".

in der Nähe des Hauses,
der Kahlschlag, Kieshügel, Krater
erinnern mich daran –
nichts Neues; kaputte Natur,
aber ich vergesse das gern,
solange ein Strauch steht.

Das Motiv der zerstörten Natur ist charakteristisch für unsere Gegenwart. Es dient hier der Kritik an einer Haltung des ‚Vergessens' (5), mit der die Menschen sich in ihren Privatbereich flüchten („solange ein Strauch steht") und die Augen vor der Naturzerstörung, die um sie herum vor sich geht, verschließen. Das Gedicht hat damit gleichzeitig den Charakter der Negation einer ganzen Gattung von Gedichten, der Naturlyrik. Darauf weist der harte Widerspruch zwischen dem Gedichttext und der Überschrift („Natur-Gedicht") hin.

Zur Rolle des Naturgedichts in der Geschichte der deutschen Lyrik vgl. das 1. Kapitel. Weitere Beispiele für ‚Ökolyrik' S. 24 und 29. Vgl. Hiltrud Gnüg: Die Aufhebung des Naturgedichts in der Lyrik der Gegenwart in: Lothar Jordan u. a. (Hg.): Lyrik – von allen Seiten, Collection S. Fischer 2320, Frankfurt am Main 1981, S. 264–283.

In den Überschriften der verschiedenen Sammlungen ‚motivgleicher Gedichte' dominieren naturgemäß die zeitlosen Themen und Motive: Jahreszeiten, Liebe, Tod, Städte und Landschaften, Mond, Krieg, Welt der Arbeit, Tiergedichte, Kindergedichte u. v. a.
Die zeitgebundenen Motive können ja erst durch den Vergleich von Gedichten aus unterschiedlichen Epochen herausgefunden werden. Nur wenige Sammlungen deuten dies auch in ihrem Titel an: Politisch-soziale Zeitgeschichte, politisch-historische Lyrik u. ä.
Auf welcher Ebene jeweils die Vergleichbarkeit von bestimmten Gedichten gegeben ist und auf welcher Ebene die signifikanten Unterschiede liegen, auf die es beim Vergleich ankommt, muß von Fall zu Fall herausgefunden werden.

9. Die Bildlichkeit lyrischer Texte

Viele der im siebten Kapitel aufgeführten Stilmittel sind bildliche Ausdrucksweisen, die das Gemeinte auch den Sinnen nahebringen wollen, wie die Metapher für den Gedanken, daß der Mensch unter Gottes Schutz stehe, bei Martin Luther („Ein feste Burg ist unser Gott, ein gute Wehr und Waffen . . .").
Aber Metapher und Bild sind nicht dasselbe. Das folgende Gedicht enthält keine einzige Metapher oder sonst eine bildliche Stilfigur und stellt doch dem Leser ein bedeutungsträchtiges Bild vor Augen:

erkenntnis

im sessel sitzend
sehe ich
die hitparade
des ZDF

welch schwachsinn
erkenne ich
und bleibe sitzen
bis zum schluß

Manfred Hausin (geb. 1951)

Auf solche ‚Alltagslyrik' (dazu S. 135) trifft Conradys Definition zu: „Gedichte sind zunächst einmal Texte in einer besonderen Schreibweise (in Versen welcher Art auch immer), die natürlich ihre Bedeutung hat, und sei es bloß die eines Lese-Verkehrs-Zeichens: Achtung, besondere Textsorte! Sie betreten ungewohntes Terrain!" (Karl Otto Conrady: Von Schwierigkeiten, über Gedichte zu reden, in: Lothar Jordan u. a. [Hg.]: Lyrik – Blick über die Grenzen, Collection S. Fischer 2336, Frankfurt am Main 1984, S. 91–112, das Zitat auf S. 99)

Es ist das Bild eines Menschen, der vorm Fernseher sitzt und sich die Schlagerparade anschaut (1–4). Von Vers 5 ab beginnt der im Titel des Gedichts angedeutete Vorgang der „Erkenntnis", wird das Bild mit Bedeutung erfüllt: Die Reihe der finiten Verbformen, die gleichsam das formale ‚Skelett' des Textes bilden, entfaltet diese Bedeutung und steuert die Konnotationen des Lesers:
„sehe ich" (2)
„erkenne ich" (6)
„bleibe sitzen" (7)
Die Erwartung des Lesers, daß jemand, der etwas erkennt, auch dieser Erkenntnis gemäß handelt, wird enttäuscht. Die Schlußzeile „bis zum schluß" (8) betont das Paradoxe des Vorgangs und entläßt nun den Leser in die eigene Reflexion. Diese mag sich auf die Problematik des Fernsehkonsums und dessen Mischung aus „Faszination und Langeweile" beschränken, die verhindert, daß

Dieter Prokop: Faszination und Langeweile. Die populären Medien, dtv 4336, Stuttgart: Ferdinand Enke 1979

der Zuschauer die Konsequenz aus seiner Erkenntnis zieht, aufsteht und das Gerät abschaltet. Sie kann aber auch auf einer allgemeineren Ebene stattfinden und das Verhältnis von Erkennen und Handeln überhaupt bedenken. Es ist sozusagen in dem „und“ (6) versteckt, das eigentlich „aber“ heißen müßte. In diesem Fall wird das Vorm-Fernseher-sitzen-bleiben zum anschaulichen Beispiel für etwas anderes von grundsätzlicher Bedeutung, nämlich das ethische Problem konsequenten Handelns.

Zum Verstehensprozeß vgl. S. 89 ff.

Im Grunde unterscheidet sich das poetische Verfahren, das der Dichter hier anwendet, nicht von dem, was wir bei Conrad Ferdinand Meyer kennengelernt haben:

Zwei Segel

Zwei Segel erhellend
Die tiefblaue Bucht!
Zwei Segel sich schwellend
Zu ruhiger Flucht!

Wie eins in den Winden
Sich wölbt und bewegt,
Wird auch das Empfinden
Des andern erregt.

Begehrt eins zu hasten,
Das andre geht schnell,
Verlangt eins zu rasten,
Ruht auch sein Gesell.

Zunächst wird dem Leser das Bild der beiden Segelboote vor Augen geführt. Ab Zeile 7 wird dieses Bild dann mit Bedeutung erfüllt. Dem einen Segel wird plötzlich „Empfinden“, also etwas Menschliches zugeschrieben. Und nun werden die beiden Segel nicht mehr vom Wind bewegt, sondern von einem Willen motiviert („begehrt“, „verlangt“). Das letzte Wort „Gesell“ betont dieses menschliche Verhältnis zwischen den beiden dann so, daß der Leser in eine Reflexion über die Beziehung zweier Liebenden entlassen wird. Im Unterschied zu Hausin, wo wir von einem Beispiel gesprochen haben, würden wir hier von einem Symbol sprechen. In jedem der beiden Fälle aber wird ein Bild mit einer Bedeutung gefüllt, die über das Bild hinausführt.

Im Beispiel erhält eine sichtbare Wirklichkeit allgemeine Bedeutung, während das Symbol sichtbares Zeichen einer unsichtbaren Wirklichkeit ist. Gemeinsam ist ihnen, daß sie im Besonderen etwas Allgemeines repräsentieren.

Bildhaftigkeit – so sagen die Handbücher – sei eine wesentliche Eigenschaft literarischer Texte „im Gegensatz zum theoretischen Schrifttum“. Sie gestatte, im Text eine eigene Welt aufzubauen, die in Distanz, in Abweichung, ja im Gegensatz zur realen Welt stehen könne. Lyrische Gedichte müßten eine solche Welt auf kleinem Raum entfalten. Daher spiele die Bildlichkeit in der Lyrik eine unvergleichlich wichtigere Rolle als in der Epik oder im Drama. Die Bilder müßten hier besonders ‚prägnant' sein, d.h. gehaltvoll, gedrängt im Ausdruck. Aber Bildhaftigkeit ist auch außerhalb der Literatur eine Eigenschaft, um die sich jeder bemüht, der seinen Lesern oder Hörern etwas klarmachen möchte. Es besteht da kein „Gegensatz zum theoretischen Schrifttum", ja nicht einmal zur Alltagssprache. Jakob Grimm erzählt im Vorwort zu seinem ‚Deutschen Wörterbuch', wie schwer es ihm gefallen sei, seine bisherigen Arbeiten abzubrechen, um die neue Aufgabe zu übernehmen:

praegnans lat. = schwanger, voll von ...

Jakob Grimm (1785–1863), Begründer der Germanistik, einer der ‚Göttinger Sieben' (Professoren, die 1837 vom König von Hannover entlassen wurden, weil sie ihn des Verfassungsbruchs bezichtigt hatten), 1848 Abgeordneter in der Frankfurter Nationalversammlung, begann mit seinem Bruder Wilhelm (1786–1859) das ‚Deutsche Wörterbuch', das nun abgeschlossen vorliegt.

> „Beinahe hieß es alte warm gepflegte Arbeiten aus dem Nest zu stoßen, eine neue ungewohnte, ihren Fittich heftiger schlagende darin aufzunehmen. Wie wenn tagelang feine, dichte Flocken vom Himmel niederfallen, bald die ganze Gegend in unermeßlichem Schnee zugedeckt liegt, werde ich von der Masse aus allen Ecken und Ritzen auf mich eindringender Wörter gleichsam eingeschneit ..."

Das Verfahren ist hier umgekehrt: Der Autor beginnt nicht mit dem Bild, um dann allmählich seine tiefere Bedeutung zu entfalten, sondern er sucht ein Bild, um das, was er mitteilen will, dem Leser möglichst anschaulich und begreiflich zu machen. Der Lyriker dagegen beginnt mit dem Bild. Wenn er keines zur Verfügung hat, kann ihm kein Gedicht gelingen, ist die Gefahr gegeben, daß am Ende nur „steckengebliebene Prosa" daraus wird. Wie in der Gebrauchsprosa und in der Alltagssprache unterliegt der Bildgebrauch auch in der Lyrik grundsätzlich zwei Gefahren:

Die Formulierung von Peter Wapnewski auf S. 30.

- Der bildhafte Ausdruck kann zum Klischee erstarren, d.h. durch allzu häufige Benutzung seinen Ausdruckswert verlieren.
- Der Ausdruck kann ein mißlungenes Bild darstellen, also das, was wir mit dem ebenfalls bildhaften Ausdruck als ‚Stilblüte' zu bezeichnen pflegen.

‚Klischee': Allgemeine Bezeichnung für Druckplatten und Druckstöcke aller Art, hier also selbst als Bild gebraucht.

Wir geben ein Beispiel dafür und kontrastieren es mit einem motivgleichen Gedicht, das als gelungen anzusehen ist. Es geht um das uralte Thema der Klage des vom Geliebten verlassenen Mädchens:

Julie Schrader, wie Friederike Kempner (1836–1904), der ‚schlesische Schwan', eine ‚naive' Verseschmiedin. Ihr Selbstverständnis formuliert sie in einem Brief so: „Und am Schlusse lasse ich es reimen. Was sich nämlich am Schlusse reimt, ist Harmonie. Wenn ich was Böses gesagt habe, und es reimt sich, dann ist es eigentlich nichts Böses mehr." (B. Wessling, a.a.O., S. 11f.)

Mein Veilchen

Das kleine blaue Veilchen
Kennet mein ganzes Herz.
Hab' ihm von aller Freude
Erzählt, von allem Schmerz.

Das kleine blaue Veilchen
Weiß es ja sehr genau,
Weshalb ich immer weine,
So oft ich es erschau.

Das kleine blaue Veilchen
Erfaßt's in seinem Sinn,
Warum ich in der Liebe
So knapp bei Kasse bin.

Julie Schrader (1881–1939)

Der wiederkehrende Refrain am Strophenanfang ist eigentlich das einzige Bildelement, das aber nicht zu einem Bild entfaltet wird, mit dessen Hilfe sich der Leser die Situation des ‚lyrischen Ich', d.h. der Verlassenen vorstellen könnte. Es wird nur ein Klischee zitiert, das Heine bereits 1823 ironisiert hat:

Und wüßten's die Blumen, die kleinen,
Wie tief verwundet mein Herz,
Sie würden mit mir weinen,
Zu heilen meinen Schmerz...

Topos griech. = lat. locus communis = deutsch Gemeinplatz. Topoi sind vorgeprägte, immer wieder gebrauchte Redewendungen, Vergleiche, Motive, Bilder, Zitate, usw.

Was Heine hier zweifelnd in den Konjunktiv setzt, ist der Topos von der Mitwisserschaft einer Blume (oder eines Tieres), denen das Mädchen sein Leid klagt. Was die Klagende in unserem Beispiel ihrem „kleinen blauen Veilchen" erzählt, wird in den beiden letzten Versen mit einem mißlungenen Bild unfreiwillig komisch formuliert:
„... warum ich in der Liebe
so knapp bei Kasse bin."

Die Alltagsredewendung vom „knapp-bei-Kasse-sein" erfüllt auch nicht ihren Zweck, die Situation des ‚lyrischen Ich' zu verdeutlichen, weil sie offen läßt, ob ‚er' zu wenig ‚eingezahlt' hat oder ‚sie' zu wenig zu geben vermag. Kurz: Der gemeinte Gegenstand hat keine sprachlich zureichende Gestaltung gefunden, aus Bildnot.
Ein Meister behandelt das gleiche Thema folgendermaßen:

Vgl. das Gedicht ‚Der Spinnerin Nachtlied' von Brentano auf S. 126 f.

Das verlassene Mägdlein

Früh, wann die Hähne krähn,
Eh' die Sternlein verschwinden,
Muß ich am Herde stehn,
Muß Feuer zünden.

Schön ist der Flammen Schein,
Es springen die Funken;
Ich schaue so drein,
In Leid versunken.

Plötzlich, da kommt es mir,
Treuloser Knabe,
Daß ich die Nacht von dir
Geträumet habe.

Träne auf Träne dann
Stürzet hernieder;
So kommt der Tag heran –
O ging' er wieder!

Eduard Mörike (1804–1875)

In kunstlosen Liedstrophen mit wechselndem Versmaß und Kreuzreim wird ein Bild so deutlich zur Sprache gebracht, daß man es malen könnte: Im Morgengrauen macht das Mädchen in der Küche Feuer an und schaut „versunken" in die „Flammen", noch gar nicht ganz wach geworden. „Plötzlich" jedoch wird sie sich ihrer Lage bewußt: ‚Er' hat sie verlassen, und sie hat von ihm geträumt. So beginnt sie traurig ihr Tagewerk mit Tränen und wünscht sich, daß der Tag bald zuende sei und der Schlaf ihr Vergessen bringe. Doch sie hat ja von ihm geträumt: Der Schmerz ist ausweglos. Über das Liebesmotiv hinaus macht dieses Bild des verlassenen Mädchens menschliches Leiden überhaupt emotional nacherlebbar. Denn der Leidende ist allein wie sie und kann sein Leiden nur für Augenblicke zwischen Schlaf und Erwachen vergessen, wenn er „versunken" in die Schönheit der Flammen schaut.

Aber gibt es nicht bildlose Gedichte, z. B. den ‚Sommerbericht' von Paul Celan oder ‚perfektion' von Ernst Jandl? Sehen wir uns diese Beispiele noch einmal an: In dem kurzen Text von Celan läßt sich der gleiche Vorgang erkennen, der die Bauform vieler Gedichte bildet: Eine bildliche Vorstellung wird erzeugt und allmählich mit Bedeutung erfüllt. Bei Celan werden zunächst drei „vereinzelte Worte" (7) genannt, denen sich das ‚lyrische Ich'

Das Gedicht ‚Sommerbericht' von Paul Celan s. S. 24.

Das Gedicht von Ernst Jandl s. S. 13.

Zu diesem Vorgang vgl. die Beispiele S. 75 ff.

verweigert. Diese Verweigerung findet bildlichen Ausdruck:

- „Thymianteppich" : nicht mehr beschritten, umgangen
- „Glockenheide" : Leerzeile hindurch gelegt
- „Windbruch" : nichts hineingetragen

Die zweite Strophe spricht dann von „Begegnungen" mit neuen ‚vereinzelten Worten' (6):

„Steinschlag, Hartgräser, Zeit",

d. h. dem Leser wird bildlich vorgeführt, wie das ‚lyrische Ich' nach Worten sucht, sie verwirft, neue ausprobiert, kurz: nicht zum Bild hinfindet, in dem so etwas wie eine geordnete, verständliche Welt erscheinen kann.

Anders liegt die Sache bei Jandl. Zwar erzeugt die Buchstabenmontage, durch die allmählich das Schriftbild des Wortes ‚perfektion' hergestellt wird, eine bildliche Vorstellung, doch Bildträger ist nicht die Sprache, sondern visuelle Zeichen. Deren wohlüberlegte typographische Verknüpfung legt die Konnotationen ‚Perfektes Verfahren' nahe. Wir haben kein ‚Sprachkunstwerk' vor uns, haben es nicht mit Lyrik zu tun, „wo ein Zustand empfunden und von einem ‚Ich' ausgesprochen wird".

So lautet Kaysers Definition auf S. 17.

Das Beispiel von Celan weist darauf hin, daß Bildnot nicht nur – wie bei Julie Schrader – ihre Ursache in einer mangelnden lyrischen Gestaltungskraft hat, sondern auch Ausdruck einer historischen Bewußtseinslage sein kann: Die Welt ist dem lyrischen Subjekt abhanden gekommen. Die überlieferten Deutungsmuster und Bilder versagen vor neuen Erfahrungen (bei Celan war es der ‚Holocaust': „Aus den Verzweiflungen wurden Gedichte"); um sie auszudrücken, müssen Worte und Bilder erst gesucht werden. Das Gedicht nähert sich dem Schweigen an, verschließt sich vor dem Leser (daher der Name ‚hermetische' Lyrik).

Wenn nunmehr die Frage verfolgt wird, woher der Dichter seine Bilder nimmt, welche Möglichkeiten sich dafür in der Geschichte des lyrischen Bildgebrauchs ergeben haben, so ist dabei immer zu bedenken, daß die Wahl zwischen diesen Möglichkeiten nicht frei ist, sondern von der historischen Bewußtseinslage der Epoche abhängt, in der das ‚lyrische Ich' sich äußert. Man kann grundsätzlich drei Möglichkeiten unterscheiden:

- Der Lyriker benutzt vorgeprägte Bilder, die er in der literarischen Tradition und in der bildenden Kunst seiner Zeit vorfindet. Dieses Verfahren setzt eine gemeinsame Vorstellungswelt der Menschen in der betreffenden Kultur voraus, für die die Wirklichkeit einen Sinnzusammenhang darstellt, auf den die einzelnen Erscheinungen verweisen. In der Barockzeit war das Emblem ein solcher Bildtyp.

Zum Emblem vgl. auch S. 109f.

- Der Lyriker gewinnt die Bilder aus dem Erlebnis, das seinem Gedicht zugrundeliegt und in dem er sich der „Harmonie" bewußt wird, die zwischen den „Gefühlen in seinem Innern" und den „Erscheinungen der Natur" besteht. Diesem Verfahren entspricht die Auffassung, daß Dichten ein schöpferischer Prozeß und der Dichter derjenige sei, der dem Leser die verborgenen Sinnzusammenhänge der Welt erschließen könne. Goethe hat diesen Bildtyp Symbol genannt.

Vgl. die S. 8 angeführte Stelle aus Hebbels Tagebüchern.

- Der Lyriker entwirft Bilder als sprachliche Konzepte, mit denen er eine Wirklichkeit, die sich ihm entzieht, dennoch zu fassen versucht. Die Notwendigkeit eines solchen Verfahrens ergab sich aus der Erfahrung, daß die Sprache mit ihren überkommenen Bildern der veränderten Wirklichkeit nicht mehr entsprach. Um ihn von diesen traditionellen Bildformen (Metapher, Allegorie, Symbol usw.) zu unterscheiden, bezeichnet man diesen Bildtyp als Chiffre.

Als Beispiel für den emblematischen Bildtyp nehmen wir das Gedicht ‚Einsamkeit' von Andreas Gryphius (1616–1664):

Gryphius, eig. Greif, aus Glogau, 1638 Student, später Professor in Leiden, 1644 Reisen nach Frankreich und Italien, 1650 Syndikus der Stände des Fürstentums Glogau, schrieb Gedichte, Trauerspiele und Lustspiele.

In diser Einsamkeit/der mehr denn öden Wüsten/
Gestreckt auff wildes Kraut/an die bemoßte See:
Beschau' ich jenes Tal und diser Felsen Höh'
Auff welchem Eulen nur und stille Vögel nisten.
Hir/fern von dem Pallast; weit von des Pövels Lüsten/
Betracht ich: wie der Mensch in Eitelkeit vergeh'
Wie/auff nicht festem Grund' all unser Hoffen steh'
Wie die vor Abend schmähn/die vor dem Tag uns grüßten.
Die Höl'/der rauhe Wald/der Todtenkopff/der Stein/
Den auch die Zeit aufffrist/die abgezehrten Bein/
Entwerffen in den Mutt unzehliche Gedancken.
Der Mauren alter Grauß/diß ungebau'te Land
Ist schön und fruchtbar mir/der eigentlich erkant/
Daß alles/ohn ein Geist/den Gott selbst hält/muß wancken.

Zum Sonett vgl. S. 54f.

Das Sonett zeigt den Erkenntnisweg auf, den der Christ gehen soll, um zum Heil zu gelangen. Die Stufen dieses Weges gibt die Reihe der entsprechenden Verben an:
„beschauen" (3)
„betrachten" (6)
„(Gedanken) entwerfen" (11)
„(eigentlich) erkennen" (13)
Auch im Hinblick auf den Gegenstand der Betrachtung gilt eine Ordnung, wie sie der zeitgenössischen Praxis religiöser Meditationsübungen entspricht: Zuerst richtet sich der Blick auf die Natur („Tal und . . Felsen" 3), dann auf die Menschen und ihr Treiben (6–8 Eitelkeit, kein fester Grund, Hinterhältigkeit), von da aus – das ist gleichsam die Konsequenz jener Betrachtung – auf die vielfältigen Zeichen der Vergänglichkeit (Höhle, Wald, Totenkopf, Stein, Gebeine, die Zeit, die alles „auffrißt" 9/10). Das alles macht den Betrachtenden nachdenklich in seinem Gemüt („in dem Mutt" 11), bis die öde Landschaft (12) für ihn „schön und fruchtbar" (13) wird, weil sie ihm die Erkenntnis schenkt, daß alles auf Gott ankommt (4).

Interpretation von Wolfram Mauser in: Volker Meid (Hg.); Gedichte und Interpretationen, Band 1 Renaissance und Barock, Reclam UB 7890, Stuttgart 1982, S. 231–244

Das Bild der Landschaft ist keine Erfindung des Dichters; ihm liegt kein Erlebnis einer wirklichen Landschaft zugrunde. Der Dichter übernimmt das Bild aus zeitgenössischen Abbildungen, die einen solchen über die Vergänglichkeit nachdenkenden Menschen in einer Landschaft zeigen, die all jene Merkmale hat, die im Gedicht wiederkehren. Der Dichter findet sie nicht nur in einer Abbildung, sondern kombiniert Merkmale aus mehreren solchen, wie die beiden Beispiele auf S. 83 aufweisen. Während das eine die „öden Wüsten" (1) zeigt, sind auf dem anderen die „Höhle" und der „rauhe Wald" (9) zu sehen:

Das Zustandekommen des symbolischen Bildes hat Goethe so gekennzeichnet:

„Die Symbolik verwandelt die Erscheinung in Idee, die Idee in ein Bild, und so, daß die Idee im Bild immer unendlich wirksam und unerreichbar bleibt und, selbst in allen Sprachen ausgesprochen, doch unaussprechlich bliebe." (Maximen und Reflexionen, hg. v. G. Müller, Nr. 633)

Das Gedicht entsteht also aus dem unmittelbaren Erlebnis (‚Erscheinung'), das der Dichter gedanklich erfaßt, in der Natur gespiegelt sieht, zur Idee erhebt und so bewältigt. Erlebnis und Idee zusammen ergeben das Bild, in dem beide zur Deckung kommen, Gestalt finden. Noch einmal Goethe:

Aus: Volker Meid (Hg.): Gedichte und Interpretationen Band 1, Renaissance und Barock, Reclam UB 7890, Stuttgart 1982, S. 236 und 237

„Das ist die wahre Symbolik, wo das Besondere das Allgemeine repräsentiert, nicht als Traum und Schatten, sondern als lebendig-augenblickliche Erfahrung des Unerforschlichen.“ (Maximen und Reflexionen, hg. v. G. Müller, Nr. 1002)

Menschliche Erfahrung (= Erscheinung, das Besondere), in der eine wesentliche Einsicht in das menschliche Leben überhaupt erlebt wird, (= Idee, das Allgemeine), gibt der Dichter in einem Naturphänomen wieder (= Bild). Die Ausgewogenheit dieser drei Elemente, die eine unauflösliche Einheit bilden, macht das ganze Gedicht zu einem Symbol. Ein Beispiel dafür gibt das folgende Gedicht Goethes:

Dornburg, September 1828

Früh, wenn Tal, Gebirg und Garten,
Nebelschleiern sich enthüllen,
Und dem sehnlichsten Erwarten
Blumenkelche bunt sich füllen;

Wenn der Äther, Wolken tragend,
Mit dem klaren Tage streitet,
Und ein Ostwind, sie verjagend,
Blaue Sonnenbahn bereitet,

Dankst du dann, am Blick dich weidend,
Reiner Brust der Großen, Holden,
Wird die Sonne, rötlich scheidend,
Rings den Horizont vergolden.

Beispiele: „8. 7. Früh in der Morgendämmerung das Thal und dessen aufsteigende Nebel gesehen ... Ganz reiner Himmel, schon zeitig steigende Wärme ... Abends vollkommen klar ...“ oder „12. 7. Erst gegen sieben Uhr ward die untere Straße, der Fluß und die nächsten Wiesen, sodann, als der Nebel weiter sank, die gegenüber sich hinziehenden Bergrücken sichtbar ...“, dann „18. 8. Vor Sonnenaufgang aufgestanden. Vollkommene Klarheit des Thales. Der Ausdruck des Dichters: heilige Frühe ward empfunden. Nun fing das Nebelspiel im Thale seine Bewegung an, welches mit Südwestwind wohl eine Stunde dauerte, und sich außer wenigen Streifenwolken in völlige Klarheit auflöste ...“

Die regelmäßig dahinfließenden trochäischen Vierheber, durchweg mit weiblichen Kadenzen, kreuzweise gereimt, vermitteln den Eindruck, daß sich das ‚lyrische Ich‘ im Einklang mit seiner Welt befindet. Die Überschrift weist auf wirklich Erlebtes hin. In den Dornburger Tagebüchern hat Goethe von Juli bis September 1828 immer wieder Morgenstunden beschrieben, in denen der Wind allmählich den Nebel vertrieb und die Sonne sich dann endlich am blauen Himmel zeigte. Im Gedicht ist das Erlebnis vieler verschiedener Dornburger Morgen zu einem einzigen dichterischen Morgen geworden, in dem all die Einzelerfahrungen enthalten sind. Aber auch der Vorausblick auf den Abend ist in das Morgengedicht schon einbezogen (11/12). Es geht nicht mehr um den konkreten Morgen, sondern um ein Bild des Morgens, das auch den Abend umfaßt und so fast unmerklich den sinnlichen Bereich verläßt, um die Idee des Sonnenlaufes vom Morgen zum Abend als Gleichnis des ganzen Lebens mit der erlebten Erscheinung zu verbinden. Auf diese Weise wird das Gedicht zu einem einzigen Symbol. Der Gegenstandsbezug der Aussage führt den Leser bruchlos in den Sinnzusammenhang ein, da auch die Sprachform den gleichen Weg weist: Das Bild des Morgens ist ja syntaktisch als eine Reihe von ‚wenn‘-Sätzen (1,5; dem „wenn“ antwortet 9 das „dann“) auf den Dank an die Sonne (9/10) hingeordnet, der die Reihe mit Inversion des Verbs (9) fortsetzt. Der Strom des einen Satzes, aus dem das Gedicht besteht, mündet schließlich, deutlich markiert durch den Tempuswechsel („wird“ 11), in den Hauptsatz mit dem Bild der „scheidenden“ (11) Abendsonne. So wird das Ganze zum Sinnbild des Lebens, das

zwischen Erwartung (3) und Abschied (11) ausgespannt ist und in dem durch die Verbundenheit mit der Natur und die Dankbarkeit für deren Schönheit Freude, Geborgenheit und Zuversicht herrschen.
Der Gebrauch des symbolischen Bildes in diesem Sinne ist offensichtlich an die Voraussetzung gebunden, daß sich das lyrische Ich als sinnvollen Teil der Natur zu erleben vermag, in deren Anschauung es den Abglanz eines höchsten Wesens begreift. So kann es sich, Gemüt und Verstand in harmonischer Übereinstimmung wissend, in die Ordnung des Weltganzen einfügen, die es im Besonderen zur Erscheinung kommen sieht.

Die Dornburger Schlösser
Berhard Gajek, Franz Götting (Hg.):
Goethes Leben und Werk in Daten und Bildern,
Frankfurt am Main: Insel 1966, Abb. 502

Zu Paul Celan: Sommerbericht s. o. S. 24f. und 79

Bei dem Bildtyp der Chiffre, den wir bei Paul Celan kennengelernt haben, läßt sich eine Herkunft nicht mehr – wie wir es bei Gryphius und Goethe konnten – bildlich dokumentieren. Es handelt sich sozusagen um individuelle Geheimzeichen des Lyrikers (das französische Wort bedeutet ‚Geheimschrift'), die nicht mehr auf einer vom Leser nachvollziehbaren Analogie der Sprache zur Wirklichkeit beruhen, sondern mit denen das ‚lyrische Ich' die Wirklichkeit allererst zu erreichen versucht. Das mit dieser Art von Bildgebrauch verbundene Selbst- und Weltverständnis hat Gottfried Benn (1886–1956) in einem Gedicht (1941) folgendermaßen dargestellt:

Gottfried Benn, Pfarrerssohn, Facharzt für Haut- und Geschlechtskrankheiten, in beiden Weltkriegen Militärarzt, lebte in Berlin. Sein Selbstverständnis: „Artistik ist der Versuch der Kunst, innerhalb des allgemeinen Verfalls der Inhalte sich selbst als Inhalt zu erleben . . ., gegen den allgemeinen Nihilismus der Werte eine neue Transzendenz zu setzen: die Transzendenz der schöpferischen Lust." (Probleme der Lyrik 1951)

Ein Wort

Ein Wort, ein Satz –: aus Chiffren steigen
erkanntes Leben, jäher Sinn,
die Sonne steht, die Sphären schweigen
und alles ballt sich zu ihm hin.

Ein Wort – ein Glanz, ein Flug, ein Feuer,
ein Flammenwurf, ein Sternenstrich –
und wieder Dunkel, ungeheuer,
im leeren Raum um Welt und Ich.

Dem Wort, der Chiffre, d.h. dem sprachlichen Geheimzeichen des Dichters, wird hier eine einzigartige Bedeutung zugeschrieben, die darin besteht, daß nur im dichterischen Wort für einen Augenblick so etwas wie Sinn und Zusammenhang der Dinge aufblitzen kann. Die Parenthese in 5/6 faßt dieses Ereignis in das Bild eines niedergehenden Meteors. Die Verse 3/4 kennzeichnen die Macht des dichterischen Wortes dadurch, daß sie es in kosmische Beziehungen stellen, in das Bild einer Weltentstehung bringen („ballt sich zu ihm hin"). Im Kontrast dazu stehen die Verse 7/8, in denen die Wirkungslosigkeit dieser Weltwerdung ausgesagt wird. Das Wort läßt Dichter und Leser sogleich wieder in den früheren Zustand zurückfallen, in dem sich das Ich in Dunkel und Einsamkeit der unbegreiflichen Welt gegenüber findet. Die historischen Bewußtseinslagen, die den drei oben beschriebenen Weisen des Bildgebrauchs zugrunde liegen, lassen sich kurz so charakterisieren:

– Wenn die Weltsicht der Überlieferung entnommen werden kann, die Kultur durch Tradition bestimmt ist, wird das vorgeprägte Bild bevorzugt.

- Das Symbol im Goethe'schen Sinne entspringt einem ganzheitlichen Lebensgefühl, in dem der Mensch sich zutraut, die Welt geistig zu erfassen und zu umfangen.
- Die Chiffre aber ist die Antwort des Lyrikers auf eine Situation, in der die Analogie von Sprache und Wirklichkeit verloren gegangen ist, wie es der folgende Text näher erläutert:

R. Grimm: Zum Verständnis moderner Lyrik

Wir wollen den gewandelten Wirkungsprozeß des modernen Gedichts noch näher betrachten. Halten wir darum fest: ein solches Gedicht gibt keine Wirklichkeit wieder, es konstituiert eine neue. Das erkannte schon Baudelaire, mit dem ja die moderne Lyrik beginnt. Er notierte vor genau hundert Jahren: „Die Phantasie zerlegt die ganze Schöpfung; nach Gesetzen, die im tiefsten Seeleninnern entspringen, sammelt und gliedert sie die Teile und erzeugt daraus eine neue Welt." Und Kurt Pinthus, der Herausgeber der berühmtesten expressionistischen Anthologie „Menschheitsdämmerung", griff 1917 diesen Gedanken in einer Programmzeitschrift auf: „Mit aufkeimender Einsicht: Wirklichkeit und Kunst seien nicht ein Abhängiges, Bedingtes, sondern (um es schärfstens zu formulieren) sie schlössen sich aus, beginnt die Epoche der jüngsten Kunst." Wer folglich das moderne Gedicht so zu verstehen versucht, als ob es eine Wirklichkeit wiedergäbe, muß notwendig zu völlig falschen Ergebnissen gelangen.

Die Sprache Benns, Trakls, Celans, Krolows und der Bachmann ruht nicht, wie dies Goethe von der seinen behaupten durfte, auf den Grundfesten der Erkenntnis. Ein zusammenhängendes anschauliches Bild von der Realität ist nicht mehr vorhanden oder jedenfalls weitgehend reduziert. Statt dessen erscheinen Willkürlichkeiten, dunkle Anspielungen und verwirrende Kombinationen. Das Gedicht wird zum Kaleidoskop hieroglyphischer Chiffren. Die geheimen Zeichen sind aber, wenn überhaupt, bloß scheinbar auflösbar; in Wahrheit können sie nur durch einen schöpferischen Nachvollzug verstanden werden. Einer aus der jüngsten Generation, der von Formeln oder Bildextrakten spricht, erläutert uns diesen Vorgang: „Solche Formeln", heißt es da, „treffen im Leser auf das eigens dazu ausgebildete Organ. Hier werden die Extrakte aufgelöst. Die in ihnen angelegte Landschaft baut sich auf." Lösen wir uns von der bildlichen Umschreibung, so wird deutlich, daß die zerstreuten, für sich genommen unverständlichen suggestiven Zeichen sich erst im aufnehmenden Leser zur Einheit zusammenschließen. Die Aneignung moderner Lyrik ist ein kreativer Akt.

Aus: Reinhold Grimm: Nichts – aber darüber Glasur. In: H. O. Burger/R. Grimm: Evokation und Montage – Zum Verständnis moderner Lyrik. Göttingen 1967, S. 38f.

‚Subjektpol', ein Begriff von Käte Hamburger, s. o. S. 21.

Beim Bildtyp der Chiffre kann nun der Gegenstandsbezug der lyrischen Aussage so undeutlich werden, daß sich nur mit Mühe ermitteln läßt, wovon die Rede ist. Das ‚lyrische Ich' scheint sich dann ganz in den Subjektpol zurückgezogen zu haben. Bei der Erschließung solcher Gedichte müssen wir umgekehrt vorgehen wie bei einem Text, dessen Objektbezug klar ist. Statt zu fragen, was das ‚lyrische Ich' über den Gegenstand sagt, müssen wir erkunden, was mit den Worten, die es äußert, gemeint sein kann. Dazu ist es nötig, die Beziehungen, die im Gedicht zwischen den einzelnen Worten aufgebaut sind, zu untersuchen. Eine Hilfe zur Analyse der Bildlichkeit moderner Gedichte bieten die Kategorien der modernen Metaphernforschung:

Zur Alltagsmetapher vgl. S. 77, zum Symbol S. 76 und 82ff., zur Metapher als literarischer Stilfigur S. 58.

(1) Der Begriff der Metapher ist hier nicht auf die Stilfigur beschränkt, sondern umfaßt alle Arten des sprachlichen Bildes von der Alltagsmetapher bis zum poetischen Symbol. In der Metapher sind zwei sprachliche Sinnbezirke miteinander verbunden wie in dem Wort „Stuhlbein" der Sinnbezirk ‚Möbel' und der Sinnbezirk ‚Körperteile'. Diese beiden Sinnbezirke heißen Bildspender (woher das Bild stammt: ‚Körperteile') und Bildempfänger (was mit dem Bild veranschaulicht werden soll: ‚Möbel'). Jede Metapher steht in einem Bildfeld. Andere Metaphern dieses Bildfeldes wären z.B. „Lampenfuß", „Armleuchter", „Betthaupt", „Nierentisch". Der Bedeutungsabstand zwischen Bildspender und Bildempfänger heißt Bildspanne. Diese Bildspanne ist bei den einzelnen Bildern eines Bildfeldes unterschiedlich. So berühren sich z.B. Bildspender und Bildempfänger bei den Wörtern „Stuhlbein", „Lampenfuß", „Armleuchter" in zwei Bedeutungsmerkmalen (Form und Funktion), bei den Wörtern „Betthaupt", „Nierentisch" nur in einem (Lage bzw. Form). Die Metaphern eines Bildfeldes sind aufeinander

bezogen und erklären sich gegenseitig, wie das auch bei den Wörtern eines Wortfeldes der Fall ist. D. h. die Felder haben Struktur. Der Unterschied liegt darin, daß in einem Bildfeld immer zwei solcher Wortfelder verkoppelt sind. Die Bildfelder haben unterschiedliche Struktur. Im Grenzfall enthält ein Bildfeld nur wenige Metaphern, z. B. das Feld, in dem der Sinnbezirk ‚Sprachliche Äußerung' (Bildempfänger) und der Sinnbezirk ‚Farben' (Bildspender) zusammentreffen („Weißbuch", „Schwarzmalerei", „Schilderung in den rosigsten Farben" usw.), weil es nur wenige Farben gibt.

Vgl. den Text von J. Grimm auf S. 77 (Die Redensart ‚jmdn. aus dem Nest stoßen' ist bereits vorgeprägt.)

(2) Wie geht nun das Verstehen eines lyrischen Bildes vor sich? Anders als bei den Alltagsmetaphern, die im Sprachvorrat bereitliegen, werden die zu einem Bild gehörenden Sinnbezirke meist erst im Text zusammengeführt. Wort und Kontext zusammen machen erst die Metapher. Der Kontext bewirkt, daß das bildhaft gebrauchte Wort im Gedicht etwas anderes meint, als es bedeutet, weil der Kontext das Wort in den gemeinten Sinnzusammenhang hineinzwingt. Nun läßt sich die Bedeutung eines Wortes auch als seine Fähigkeit verstehen, beim Leser eine bestimmte Erwartung darauf zu erzeugen, was mit ihm gemeint sein könnte (‚Determinationserwartung'). Diese Erwartung aber wird von der Metapher in bestimmter Weise enttäuscht, weil das Wort im Kontext etwas anderes meint, als es bedeutet. Es entsteht sozusagen ein Überraschungseffekt infolge der Spannung zwischen der Wortbedeutung und der vom Kontext erzwungenden, vom Leser unerwarteten Meinung des Wortes (‚Konterdetermination'). Jede Metapher enthält ja einen unauflösbaren Widerspruch zwischen den beiden Sinnbezirken, die in ihr zusammentreffen: Was hat schon ein Stuhl mit einem vierbeinigen Lebewesen zu tun („Stuhlbein") oder der Staat mit einem Wasserfahrzeug („Staatsschiff")? Wenn der Leser dennoch das Bild nachvollziehen soll, so muß er sich über die unverträglichen Bedeutungsmerkmale („Stuhl" ist ein Abstraktum, „Schiff" ein vom Menschen angefertigter Gegenstand) hinwegsetzen können und den Widerspruch im Verstehensvorgang auflösen. Dazu gibt ihm der Gesamtzusammenhang, in dem die Metapher steht, einige Hilfe, nicht nur der Kontext des Gedichts, eventuell auch das übrige Werk des Dichters, seine Biographie, die historische Situation, in der das Gedicht entstand, oder auch die literarische Tradition.

Die Aufsätze zur Semantik der Metapher von Harald Weinrich in seinem Buch ‚Sprache in Texten', Stuttgart: Klett 1976, Kapitel XVIII bis XXII

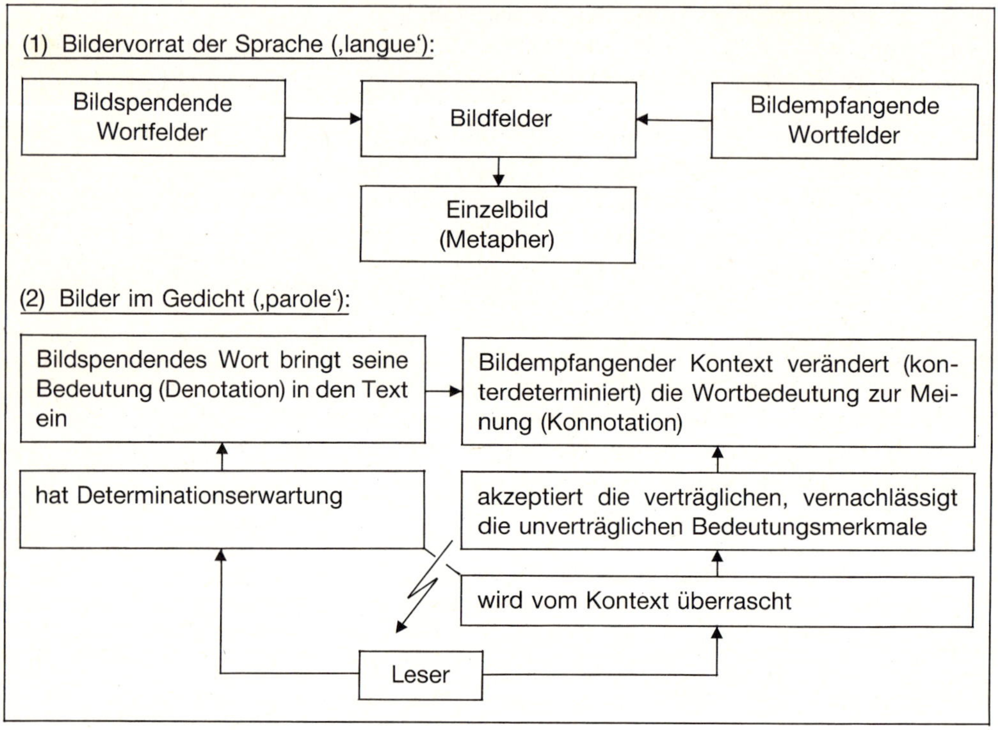

Hilde Domin, Studium (Jura, politische Wissenschaften, Soziologie, Philosophie), Promotion in Florenz, ab 1932 zweiundzwanzig Jahre im Exil (Italien, England, Lateinamerika), lebt in Heidelberg. (Hilde Domin: Wozu Lyrik heute? Serie Piper 65, München 1975)

Wir wollen diese Kategorien zur Erschließung des folgenden Gedichts von Hilde Domin (geb. 1912) benutzen:

Herbst

Das Haus der Vögel entlaubt sich.
Wir haben Angst vor dem Herbst.
Manche von uns
malen den Toten das Gesicht
wenn sie fortziehn.
Denn wir fürchten den Winter.

Eine alte Frau, die vor uns stand,
war unser Windschutz,
unser Julilaub,
unsere Mutter,
deren Tod
uns
entblößt.

Vgl. das Gedicht von Uhland S. 7.

Die Naturbilder dieses Gedichts gehören zu einem den europäischen Literaturen seit der Antike gemeinsamen

Bildfeld, in dem die Sinnbezirke ‚Jahreszeiten' als Bildspender und ‚Lebensalter' als Bildempfänger verbunden sind. Der Kontext gibt dem Leser die nötige Hilfe, den „Herbst" (2) als das Alter, den „Winter" (6) als den Tod des Menschen zu verstehen, indem zweimal vom Tod die Rede ist (3–5, 11–13). Die Bildspanne zwischen den beiden Sinnbezirken ist dadurch gekennzeichnet, daß die Jahreszeiten sich wiederholen, also zyklisch sind, das Menschenleben aber nicht, es ist linear. Diese unverträglichen Bedeutungsmerkmale machen dem Leser keine Schwierigkeiten, weil der Text vom Herbst und Winter her nur auf den Sommer („Julilaub" 9) zurückgreift, den Frühling als Erneuerung des Lebens aber ausspart.
Mitten zwischen den Naturbildern findet sich ein ganz anderes Bild: „Manche von uns malen den Toten das Gesicht..." (3/4). Bildspender ist hier der aus den USA bekannte Brauch, die Verstorbenen für die Totenfeier so herzurichten, daß sie wie lebendig aussehen. Das hart einsetzende „Denn" der Zeile 6 zeigt den Bildempfänger: Es ist unsere Angst vor dem Tod. Hier ist die Bildspanne so klein geworden, daß man eigentlich nicht mehr von ‚Bild' sprechen kann. Der angeführte Brauch ist eher ein Symptom des gestörten Verhältnisses zum Tode, das hier als Beispiel dient.
Wie wird nun das Bedeutungsgefüge des Gedichts mit diesen Bildern aufgebaut? Wenn man dieser Frage nachgeht, kann man sehen, wie der Kontext die Wortbedeutungen ‚konterdeterminiert', d.h. so verändert, daß sie etwas ‚anderes' meinen. Beim „Haus der Vögel" denkt der Leser vielleicht an ein Nest, eine Baumhöhlung o.ä. Das Verb „entlaubt" ruft aber die Vorstellung von Bäumen hervor, deren Blätter im Herbst abfallen. Das Bild hat jedoch zwei Bildempfänger, wie die Querverweisungen zeigen:
„entlaubt" (1) → „entblößt" (13) und
„entlaubt" (1) → „Julilaub" (9).
Auch die Zeile 5 („wenn sie fortziehn") weist auf das Bild von Vögeln zurück, die im Herbst ihre Plätze verlassen. Das Bild meint nicht nur das menschliche Schicksal, im Herbst, d.h. im Alter, den Winter, d.h. den Tod, vor sich zu wissen. Es meint auch die Schutzlosigkeit des Menschen, die durch den Tod der Mutter entsteht. Auch sie ist Empfänger des Baumbildes: Wie der Baum für die Vögel, war die Mutter für ‚uns' „Windschutz", „Julilaub". Wie die Vögel durch den Herbst schutzlos geworden sind, so sind ‚wir' durch den Tod der Mutter „entblößt", „die

vor uns stand“ (7). D. h. sie stand schützend vor uns, sie ging aber auch vor uns in den Tod, dem wir dadurch nun näher gerückt sind (in „vor“ ist die räumliche mit der zeitlichen Bedeutung verknüpft).
Nun können wir nach dem Modell auf S. 72 auch den inhaltlichen Aufbau des Gedichts bestimmen:

Ebene des Gehalts:
Thema und Problem des rechten Verhältnisses zu Alter und Tod. Dies kann nicht darin bestehen, sich im Schutz der Mutter sicher zu wähnen und die Zeichen des Todes zu ignorieren.

Ebene des Motivgefüges:
Motiv 1: Altern als Zugehen auf den Tod
Motiv 2: Angst vor Alter und Tod
Motiv 3: Die Mutter als schützende und bewahrende Person

Ebene der Einzelbilder:
Heimatloswerden der Vögel/Herbst und Winter als Alter und Tod/Herrichten der Verstorbenen/Mutter schützt den Menschen wie der Baum die Vögel/Tod der Mutter läßt ihn ohne Schutz zurück

10. Lyrische Gattungen

Der Begriff ‚Gattung' wird nicht nur zur Bezeichnung der drei großen Dichtungsarten Epos, Lyrik und Drama gebraucht, sondern auch zur Unterscheidung der verschiedenen Formen, die in den drei Dichtungsarten anzutreffen sind. Wie läßt sich also die unübersehbare Fülle von Gedichten sinnvoll zu Gruppen ordnen?
Die meisten Übersichten über die lyrische Dichtung verwenden eines der drei folgenden Ordnungsprinzipien:

Otto Knörrich (Hg.): Formen der Literatur, Kröners Taschenausgabe Band 478, Stuttgart 1981

(1) Man kann die Gedichte nach ihrer Form einteilen und erhält dann etwa folgende Liste:

Ballade: (ital. = Tanzlied): Erzählendes Gedicht in Strophenform; nach Inhalt (ungewöhnliches, geheimnisvolles Ereignis aus Geschichte oder Sage), Form (knapp andeutend) und Aufbau (dramatisch: Dialoge) der Novelle verwandt

Elegie: (griech., Bedeutung unbekannt): Gedicht in Distichen (Hexameter + Pentameter), Inhalt verschieden: Klagegedicht, Liebesgedicht, Idylle, Satire, philosophische Betrachtung

Epigramm: (griech. = Aufschrift): Gedicht aus ein oder zwei Distichen, Sinnspruch, oft satirischen Charakters (Spottgedicht), Kurzform der Gedankenlyrik

Hymne: (griech. = Festlied): Preisgesang religiösen, philosophischen oder politischen Inhalts, meist in freien Rhythmen

Lied: Sangbares, strophisch gegliedertes und gereimtes Gedicht in einfacher Sprache, eng mit dem Alltagsleben verbunden als Kirchenlied, Kinderlied, Wanderlied, Liebeslied, Volkslied (gehört zum Brauchtum)

Ode: (griech. = Gesang): Strophisch gegliedertes, meist reimloses Gedicht in antiken Versmaßen, ähnlichen Inhalts wie die Hymne

Sonett: (ital. = kleiner Tonsatz): Gedicht aus vierzehn Verszeilen (zwei Vierzeiler + zwei Dreizeiler) mit streng geregeltem Versmaß und Reimschema, Inhalt: Gedankendichtung, oft in dialektischer Form (1–8 entfalten das Problem, 9–14 bringen die Lösung)

Zur Ballade vgl. S. 97f. Man spricht vom ‚Balladenjahr' 1797, weil damals die schönsten Balladen von Goethe und Schiller entstanden.

Jede dieser Formen zeigt bestimmt Merkmale des Versmaßes, des Reimschemas, des Strophenbaus, wie man an unseren Beispielen sehen kann (Lied S. 52f., Epigramm und Elegie S. 53, Sonett S. 54, Ode S. 56). Der Nachteil dieses Einteilungsprinzips liegt darin, daß mit ihm nur ein Teil der Lyrik erfaßt werden kann, jene Gedichte nämlich, die sich einer dieser Formen bedienen.

(2) Wenn man die Gedichte unter inhaltlichen Gesichtspunkten ordnet, wird die Liste schon etwas länger:

Beispiele: Alltagslyrik S. 75, 135, experimentelle Lyrik S. 13, 100, 138 (u. a. ‚konkrete Poesie'), Gedichte über das Gedicht S. 24 (Buch), 24f. (Celan, Krolow), 25 (Piontek), 86 (Benn), 130 (Heine), hermetische Lyrik S. 138f., Ökolyrik S. 24, 29, 73f. Als ‚Arbeiterdichter' gilt Ludwig Fels S. 29. Bildgedichte beschreiben ein Bildkunstwerk, z. B. Rilke: Archaischer Torso Apollos.

- Alltagslyrik
- Arbeiterdichtung
- Bildgedichte
- Erzählgedichte
- Experimentelle Lyrik
- Gebrauchslyrik
- Gedankenlyrik
- Gedichte über das Gedicht
- Hermetische Lyrik
- Kinderlyrik
- Konkrete Poesie
- Liebeslyrik
- Mundartlyrik
- Naturlyrik
- Ökolyrik
- Politische Lyrik
- Religiöse Lyrik

Diese Ordnungskategorien liegen aber nicht auf der gleichen Ebene und betreffen manchmal weniger den Inhalt als die Machart oder den Zweck oder den Adressaten des Gedichts. Kinderlyrik ist Lyrik für Kinder, und man kann nur vermuten, welches ihr Inhalt sein kann. Auch die Gebrauchslyrik paßt nicht ganz hierhin. Man kann sich zwar vorstellen, daß hier Geburtstagsgedichte, Festgesänge oder Kirchenlieder gemeint sind, doch sind sie schwer unter den Gesichtspunkt des Inhalts zu bringen. Bei der hermetischen Lyrik, auch ‚magische Lyrik' genannt, die in ihrer Aussage dunkel bleibt und sich dem Leser verschließt, ist der Inhalt, der für unsere Einteilung wichtig ist, kaum zu ermitteln . . .

(3) Im Hinblick auf die Haltung des ‚lyrischen Ich' und die Gestaltung des lyrischen Gegenstandes hat man versucht, Gedichte nach vier ‚Idealtypen' einzuteilen, die eine gewisse historische Konstanz aufweisen. Es sind dies:

Idealtypus: Der Begriff geht auf den Historiker und Soziologen Max Weber (1864–1920) zurück, der alle vorkommenden Formen von Herrschaft daraufhin untersuchte, inwieweit sie auf einer traditionalen, charismatischen oder legalen Legitimitätsbasis beruhten.

- Die liedhafte Gestaltung: In ihr werden einfache Gegenstände wie Naturvorgänge, menschliche Erlebnisse wie Liebe, Abschied, Tod, Hoffnung unmittelbar genannt und in einfacher Sprache und regelmäßiger strophischer und metrischer Form ausgesagt.
- Die hymnische Gestaltung: In ihr finden Preis, Jubel und Lob Gottes und der Schöpfung in Verbindung mit gesteigerten Gedanken und Empfindungen in einer gewählten, erhabenen Sprache Ausdruck.
- Die lehrhafte Gestaltung: In ihr werden dem Leser philosophische oder politische Gegenstände in einer Sprache, die an sein Reflexionsvermögen appelliert, nahegebracht.

Hierunter fällt auch die sogenannte Gedankenlyrik (vgl. S. 53)

- Die erzählerische Gestaltung: In ihr sind Begebenheiten und Handlungen in Liedform gebracht, wobei sich eine Integration von lyrischen (Strophen, Reim, Refrain usw.), epischen (Handlungsverlauf mit Pointe, historische Stoffe u. a.) sowie dramatischen Elementen (Rede und Gegenrede, Szenerie) ergibt.

Prototyp des Erzählgedichts ist die Ballade.

Dieses Einteilungsprinzip hat den Vorteil, daß sich alle Gedichte, die eines dieser vier Merkmale in besonderem Maße aufweisen, einer Gruppe zuordnen lassen. Doch kann es vor allem der Gedichtanalyse dienen, wenn man untersucht, in welchem Maße eines dieser Gestaltungsprinzipien in einem Gedicht vorherrscht oder in welcher Weise es mit einem anderen darin verbunden ist. So können wir z. B. den hymnischen Charakter des Dornburger Gedichts vom September 1828 von Goethe hervorheben, ohne es einer genau definierten Gattung ‚Hymnus' zuordnen zu müssen. Auf der anderen Seite braucht uns bei Klopstocks ‚Frühlingsfeier' die Bezeichnung als ‚Ode' nicht davon abzuhalten, in diesem Gedicht eine reine Ausprägung des Hymnischen zu erkennen. In dem folgenden Volkslied aus dem 16. Jahrhundert sind liedhafte, lehrhafte und erzählerische Elemente aufs schönste miteinander verbunden:

Zu Goethes Dornburg-Gedicht s. o. S. 84f.

Zu Klopstocks ‚Frühlingsfeier' vgl. S. 55f.

Es wolt ein Mägdlein tanzen gehn,
Sucht Rosen auf der Heide,
Was fand sie da am Wege stehn?
Eine Hasel, die war grüne.

„Nun grüß dich Gott, Frau Haselin!
Von was bist du so grüne?"
„Nun grüß dich Gott, feins Mägdelein!
Von was bist du so schöne?"

„Von was daß ich so schöne bin,
Das kann ich dir wohl sagen:
Ich iß weiß Brot, trink kühlen Wein,
Davon bin ich so schöne."

„Ißt du weiß Brot, trinkst kühlen Wein
Und bist davon so schöne,
Auf mich so fällt der kühle Tau,
Davon bin ich so grüne."

„Hüt dich, hüt dich, Frau Haselin,
Und tu dich wohl umschauen!
Ich hab daheim zween Brüder stolz,
Die wollen dich abhauen."

„Und haun sie mich im Winter ab,
Im Sommer grün ich wieder;
Verliert ein Mäglein ihren Kranz,
Den findt sie nie mehr wieder."

Haselstrauch und Haselnuß sind ein altes Fruchtbarkeitssymbol. Einem Mädchen eine Hasel als ‚Maien' zu setzen, war eine Anspielung darauf, daß sie keine Jungfrau mehr sei: Bächtold-Stäubli, Handwörterbuch des deutschen Aberglaubens III 1534 (Haseln durften übrigens nach altem Flurrecht nicht gehauen werden).

Es handelt sich um einen Wechselgesang, der zum Tanz gesungen wurde. Er zeigt die reine Ausprägung der Liedstrophe: Jambische Vierheber (mit männlicher Kadenz) wechseln regelmäßig mit Dreihebern (die weiblich schließen). Gereimt wird, wie's gerade kommt. Der Inhalt ist ganz auf die beiden Motive des grünen Haselstrauchs und des schönen Mädchens beschränkt. Das Ganze läuft auf den Schluß zu, wo die „Haselin" die Drohung des Mädchens (17–20) mit der Warnung vor dem Verlust der Jungfernschaft beantwortet (23/4). Das ist das lehrhafte Element, das durch den Hinweis der „Haselin" verstärkt wird, daß ihr das ja nicht passieren könne (21/2). Das erzählerische Element steckt in dem Erzählerbericht der ersten Strophe (1–4) und dem Dialog der beiden Personen des Geschehens in den übrigen Strophen. Der weitere Vorgang, nämlich was dem Mädchen auf dem Tanzboden oder danach geschah, ist wohlweislich ausgespart und der Phantasie der Singenden und Zuhörenden überlassen.

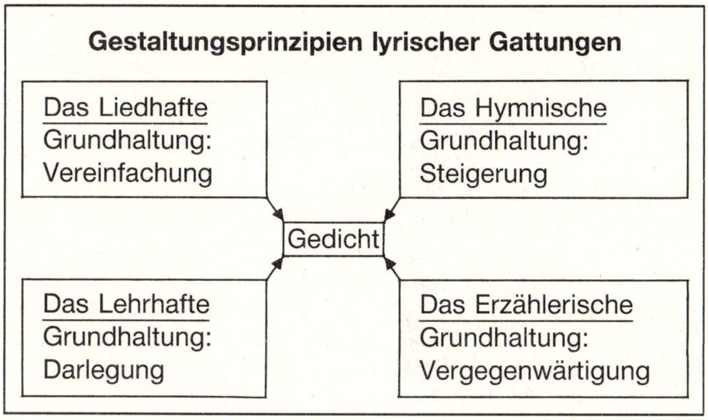

Außer einigen Andeutungen (z. B. „Volkslied", „Kinderlyrik" u. a.) enthalten diese Übersichten über die verschiedenen Arten von Lyrik keinen Hinweis auf den ‚Lebensgrund', auf den sich das Reimen und Dichten zurückführen läßt. Um eine angemessene Vorstellung von Lyrik zu erhalten, müssen wir deshalb einiges nachtragen:

Zur ‚Gebrauchslyrik' vgl. o. S. 14

(1) Kunstformen gehen auf volkstümliche Formen lyrischer Gestaltung zurück. Diese aber sind in den Lebensvollzug eingebettet. Der ‚Nachtgesang' von Goethe auf S. 52 ist ein Kunstlied, das auf ein italienisches Volkslied zurückgeht, dessen Refrain („Dormi, che vuoi di più?") übernommen ist. Es gehört zur Gattung der ‚Schlaflieder', die man den Kindern vorsang, damit sie schneller einschliefen. In dem Tanzlied des 16. Jahrhunderts auf S. 96, in dem die Begegnung eines Mädchens, das zum Tanzen geht, mit dem Haselstrauch erzählt wird, der vor dem Verlust der Jungfernschaft warnt, haben wir die Vorform der Ballade. Das italienische Wort ‚ballata' bedeutet nichts anderes als ‚Tanzlied'. Aus der zweckgebundenen Gebrauchsform ist eine im 18. und 19. Jahrhundert außerordentlich beliebte Kunstform geworden. Man braucht nur an Goethes ‚Erlkönig', die ‚Kraniche des Ibykus' von Schiller, an ‚Die Füße im Feuer' von Conrad Ferdinand Meyer und Fontanes Balladen zu denken (‚Archibald Douglas', ‚Die Brücke am Tay', ‚John Maynard').

(2) Die Gedankenlyrik hat eine Entsprechung in der sogenannten ‚Hauslyrik', die eine beachtliche Leserschaft und zuweilen Bestseller-Auflagen erreicht. Ein Beispiel von Eugen Roth (1895–1976) sei angeführt:

Man spricht von ‚Hauslyrik' unter Bezug auf Buchtitel wie ‚Hauspostille' (Bertolt Brecht), ‚Lyrische Hausapotheke' (Erich Kästner) u. a.

Der Salto

Ein Mensch betrachtete einst näher
die Fabel von dem Pharisäer,
der Gott gedankt voll Heuchelei
dafür, daß er kein Zöllner sei.
Gottlob! rief er in eitlem Sinn,
daß ich kein Pharisäer bin.

Eugen Roth, studierter Germanist, war bis 1933 Redakteur in München, lebte dann als freier Schriftsteller; 1935 erschien der erste Band Gedichte unter dem Titel ‚Ein Mensch'.

In jambischen Vierhebern wird der Leser davor gewarnt, das bekannte biblische Gleichnis (NT, Lk. 18,9–14) so auszulegen, als sei er davon nicht betroffen. Indem er sich nämlich als Gegenteil des Heuchlers versteht, macht ihn seine Eitelkeit selbst zum Pharisäer. Darin besteht der moralische ‚Salto'.
Die Denkfigur, die der Leser hier nachvollziehen muß, ist nicht weniger anspruchsvoll als z. B. die prägnante Kritik, die Schiller und Goethe in den Xenien am philosophischen Dialog geübt haben:

Einer, das höret man wohl, spricht nach dem andern, doch keiner
Mit dem andern; wer nennt zwei Monologe Gespräch?

Wieso eigentlich gilt dies als ‚hohe Literatur', jenes als Lyrik ‚für den Hausgebrauch'?

Wolfgang Braungart: Bänkelsang. Texte – Bilder – Kommentare, Reclam UB 8041, Stuttgart 1985.

(3) Eine Form des Schaustellergewerbes ist der Bänkelgesang, bei dem sensationelle Begebnisse, z.B. Untat und Bestrafung eines Verbrechers, aber auch historische Ereignisse in schlicht gereimten Liedstrophen erzählt wurden:

„Um die Aufmerksamkeit der Passanten auf sich zu lenken, treten die Vortragenden auf eine Bank (ein Bänkel – daher der Name) und bedienen sich einer Bilder-Schautafel. Der Text wird meist mit Musikbegleitung vorgetragen; wichtiges Vortragsutensil ist der Zeigestock, mit dem die Bildtafel – in ihren an den Vortragstext angepaßten Segmenten – abgetastet wird. Bild, Sprache und Musik wirken also zusammen, die Gattungsgrenzen zerfließen. Die Liedertexte werden dem Publikum auch auf Druckzetteln oder in schmalen Heftchen zum Kauf angeboten." (Karl Riha: Moritat, Bänkelsang, Protestballade, Kabarett-Lyrik und engagiertes Lied in Deutschland, Königstein i. Ts.: Athenäum, 2. Aufl. 1979, S. 14)

Bekannt ist die Moritat „Sabinchen war ein Frauenzimmer", dessen drei letzte Strophen so lauten:

Das Blut im Bogen spritzet,
sie fiel gleich um und um.
Der böse Schuster aus Treuenbrietzen,
der stand um sie herum.

In einem dustern Keller
bei Wasser und bei Brot,
da hat er endlich eingestanden
die grausige Moritot.

Moral von der Geschichte:
Trau keinem Schuster nicht!
Der Krug, der geht so lange zum Brunnen,
bis daß der Henkel bricht.

Heribert Gorzawski, Karin Kasprowicz (Hg.): Erzählgedichte der Gegenwart, Reihe ‚Editionen', Stuttgart: Klett 1983.

Diese Gattung ist, bis hinein in den Sprachduktus und die musikalische Gestalt, von den Dichtern der modernen sozialkritischen Ballade, der Arbeiterkampflieder und der politischen Protestsongs aufgenommen worden, hat aber auch schon der politischen Lyrik des Frühsozialismus als Vorbild gedient, wie das berühmte ‚Schneiderlied' von Georg Weerth (1821–1856) beweist:

Es war ein armer Schneider

Es war ein armer Schneider
Der nähte sich krumm und dumm
Er nähte dreißig Jahre lang
Und wußte nicht warum.

Und als am Samstag wieder
Eine Woche war herum:
Da fing er wohl zu weinen an
Und wußte nicht warum.

Und nahm die blanken Nadeln
Und nahm die Scheere krumm –
Zerbrach so Scheer' und Nadel
Und wußte nicht warum.

Und schlang viel starke Fäden
Um seinen Hals herum;
Und hat am Balken sich erhängt
Und wußte nicht warum.

Er wußte nicht – es tönte
Der Abendglocken Gesumm.
Der Schneider starb um halber acht
Und Niemand weiß warum.

Georg Weerth, aus Detmold, war Redakteur an der ‚Neuen Rheinischen Zeitung' unter Karl Marx, kam wegen eines politisch-satirischen Romans für drei Monate ins Gefängnis, später ging er als Handelsagent nach Westindien, wo er auch starb.

Was soll das bedeuten, daß ein Schneider am Ende seines Arbeitslebens (3) zuerst sein Handwerkszeug (11) und dann sich selbst (15) zerstört, als seien sie beide nutzlos geworden? Weerth gibt hier eine Erklärung für die vergleichsweise hohe Selbstmordrate unter armen Handwerkern und Arbeitern: Ihr Nicht-Wissen (4, 8, 12, 16) um die Ursachen ihres Elends habe sie in die Hoffnungslosigkeit und den Tod getrieben. Die Wendung, die der Refrain zum Schluß nimmt („Und Niemand . . .“ 20), mahnt den Leser daran, daß erst das Wissen darum, daß hier kein Einzelfall, sondern ein kollektives Schicksal vorliegt, die Voraussetzungen für eine Veränderung der Verhältnisse schaffen kann, die sich um 1845 durch die Gewerbefreiheit (schlagartige Erhöhung des Angebots an Arbeitskräften) und die fabrikmäßige Kleiderherstellung (schlagartiger Rückgang der Aufträge für Handwerksbetriebe) ergeben hatten.

Hermann Helmers: Lyrischer Humor, 2. überarb. Aufl., Stuttgart: Klett 1978.

(4) Im ‚Lebensgrund‘ des Reimens und Dichtens ist auch der lyrische Humor verankert. Dieser zeigt sich im Alltag in Form von Kinderreimen, Abzählversen, Sprachwitzen, bei Älteren in Form von Dichterparodien, Schüttelreimen, Gelegenheitsgedichten. Dieses Vergnügen am Spiel mit der Sprache gibt es auf allen Ebenen lyrischer Betätigung, auch im Zusammenhang mit durchaus ernst zu nehmenden Äußerungen zu politischen oder philosophischen Themen. So benutzt z. B. Ernst Jandl ein Lautspiel dazu, auf das aktuelle Problem der mangelnden Unterscheidbarkeit parteipolitischer Konzepte aufmerksam zu machen:

Ein anderes Lautgedicht von Jandl auf S. 13.

lichtung

manche meinen
lechts und rinks
kann man nicht
velwechsern.
werch ein illtum!

Oder Goethe verwendet ein Spiel mit Bedeutungsoppositionen dazu, um am Bilde des antiken ‚Philosophen in der Tonne‘, Diogenes (gest. 323 vor Chr.), die Vielfältigkeit seines Werkes zu ironisieren:

Genialisch Treiben

So wälz ich ohne Unterlaß,
Wie Sankt Diogenes, mein Faß.
Bald ist es Ernst, bald ist es Spaß;
Bald ist es Lieb, bald ist es Haß;
Bald ist es dies, bald ist es das;
Es ist ein Nichts und ist ein Was.
So wälz ich ohne Unterlaß,
Wie Sankt Diogenes, mein Faß.

Diogenes wollte mit dem Hin- und Herwälzen seiner Tonne die Geschäftigkeit der Korinther bei ihren Kriegsvorbereitungen für den Perserfeldzug Alexanders des Großen verspotten. Auch die Betitelung des heidnischen Philosophen als ‚Heiliger‘ gehört zu dem semantischen Spiel.

Viele Erscheinungen der lyrischen Dichtung also lassen sich besser verstehen, wenn man in die Darstellungen der Lyrik ihren ‚Mutterboden‘ miteinbezieht, der überall dort zu finden ist, wo im Alltag gesungen, gereimt und mit der Sprache gespielt wird. Daß man das nicht gemacht hat, ist auf vier Gründe zurückzuführen:

1. Durch die Vorbildwirkung des klassisch-romantischen Erlebnisgedichts, vor allem des Naturgedichts, wurde alles ausgespart, was nicht unter die Definition fiel, daß in der Lyrik „ein Zustand empfunden und von einem ‚Ich‘ ausgesprochen“ werde.
2. Das Ziel der Lyrik-Behandlung in der Schule war lange Zeit, durch „Einfühlung“ in die Dichtung – statt durch kritische Rezeption – bürgerliche Moralkategorien und Erlebniswerte zu vermitteln. Die Folge war eine Vernachlässigung kritischer, satirischer, ironischer und spielerischer Formen von Lyrik.
3. Damit hängt die Beschränkung der literaturwissenschaftlichen Aufmerksamkeit auf den Bereich der ‚hohen‘ Dichtung zusammen. Deren Verbindung zum ‚Mutterboden‘ lyrischer Betätigung im Leben der Menschen blieb daher lange außerhalb des Interesses.
4. Daß speziell im Bereich des lyrischen Humors die Welt des Kindes eine so große Rolle spielt, war ein weiterer Grund, diesen ‚Sitz der Lyrik im Leben‘ zu ignorieren.

Einer der ältesten Keilschrifttexte, etwa 3400 Jahre alt, ist ein Lied mit Noten, gefunden an der syrischen Küste. Zu den heute auf der Welt am meisten verbreiteten Texten gehört ein Song, ‚Yesterday‘ von Paul McCartney und John Lennon (mehr als 1000 Aufnahmen mit 1186 Versionen). (Wolfgang Boettcher u. a.: Sprache. Das Buch, das alles über Sprache sagt, Braunschweig: Westermann 1983, S. 252)

Zusammenhang zwischen einfachen und literarischen Formen von Lyrik

Volkslied	Kunstlied
Tanzlied	Ballade
Arbeits-, Festlieder usw.	Gelegenheitsgedichte
Kinderreime und Sprachspiele	Sprachspiele in klassischer und moderner Lyrik
‚Hauslyrik'	Gedankenlyrik mit philosophischer und politischer Thematik
Bänkelsang	Sozialkritische Ballade, politisches Protestlied u. ä.
Verswitze	Satirisches Epigramm u. ä.

11. Epochen deutscher Lyrik

Um das Bedeutungsgefüge eines Gedichts zu verstehen, muß der Leser die Rezeptionsvorgaben des Textes entziffern könen. D.h. er muß die Bedeutungen der Wörter (Denotationen) und ihre Bedeutungsveränderung durch den Kontext (Konterdetermination) so realisieren, daß er die dadurch vorgegebenen Vorstellungen (Konnotationen) nachvollzieht, daß er also versteht, was der Dichter damit meint. Dieser Kontext reicht über den Wortlaut des Textes hinaus und enthält auch die historischen Verständnisvoraussetzungen. Je weiter der Leser mit seinem Wissen und Bewußtsein von diesem historischen Kontext entfernt ist, desto größer ist die Gefahr des Mißverständnisses. Das Verständnis des Gedichts ist dann nur mit Hilfe eines Kommentars, der ihm die fehlenden Verständnisvoraussetzungen nachliefert, möglich. Die Grundelemente eines solchen Kommentars werden hier für diejenigen Epochen deutscher Lyrik, aus denen Gedichte in der Schule gelesen werden, zusammengestellt.

Vgl. Rezeptionsvorgabe S. 34, Konterdetermination S. 89, historischer Kontext S. 37f.

(1) Mittelalter: Wenn wir die frühesten Zeugnisse deutscher Lyrik betrachen, finden wir die drei Elemente, die in der europäischen Kultur zusammengefunden und ihre Eigenart geprägt haben, noch einträchtig beieinander: die antiken Vorbilder, die christlichen Formen und die volkssprachliche Überlieferung. Ein schönes Beispiel ist das berühmte Liebesgedicht aus einer Tegernseer Handschrift des 12. Jahrhunderts:

Deutsche Lyrik des Mittelalters. Ausgewählt und übertragen von Max Wehrli, Zürich: Manesse 1955, revidierte Neuauflage 1984

„Dū bist mīn, ich bin dīn:
des solt dū gewis sīn.
dū bist beslozzen
in mīnem herzen:
verlorn ist daz slüzzelīn:
dū muost immer drinne sīn."

Die Strophe steht mitten in einem lateinisch verfaßten und mit den Stilmitteln der antiken Rhetorik ausgeschmückten Dialog, in dem sich ein Mönch und eine Nonne gegenseitig ihrer Liebe versichern. Der Briefwechsel endet allerdings damit, daß die Nonne – wie es sich gehört – den Liebhaber zurückweist, da sie Christus vermählt sei.

Liebeslieder dieser Art finden sich in den gesellschaftlichen Milieus, in denen noch Jahrhunderte lang vorzüglich das literarische Leben stattfindet, bei Hofe und unter den ‚Studierten', die im Mittelalter ohne Rücksicht darauf, ob sie tatsächlich ein geistliches Amt innehaben, ‚Kleriker' heißen. Die Lieder der höfischen Lyrik wurden zur Fidel vor einem adligen Publikum vorgetragen und im Gedächtnis oder Einzelniederschriften aufbewahrt. Liedersammlungen entstanden erst im 13. Jahrhundert, z. B. die nach der Züricher Familie Manesse benannte, die in Heidelberg liegt. Bekannt ist das ‚Mailied' von Walther von der Vogelweide (um 1170–1230), das wir mit den Frühlingsgedichten von Uhland (S. 7), Mörike (S. 18) und Klopstock (S. 56) vergleichen können:

Walther von der Vogelweide, geb. ca. 1168 wahrscheinlich in Österreich, Ministeriale im Dienst Philipps von Schwaben, Hermanns von Thüringen, Dietrichs von Meißen, dann (1212/13) im Dienst Kaiser Ottos IV., später Kaiser Friedrichs II., von dem er 1220 ein Lehen erhielt. Als Todesjahr wird 1228 angenommen.

Muget ir schouwen waz dem meien
wunders ist beschert?
seht an pfaffen, seht an leien,
wie daz alles vert.
grōz ist sīn gewalt:
ine weiz obe er zouber künne:
swar er vert in sīner wünne,
dān ist niemen alt.
(...)

(Könnt ihr ermessen, was dem Mai an Wunder beschert ist? Seht Pfaffen, seht Laien, wie das alles lebt. Groß ist seine Gewalt: ich weiß nicht, ob er zaubern kann: wohin er in seiner Wonne kommt, da ist niemand alt.)

Das Beispiel zeigt, wie alt die uns von der Liedform her geläufigen Merkmale sind: Fallende Vierheber (mit weiblicher) wechseln mit Dreihebern (mit männlicher Kadenz); Kreuzreim (abab) wechselt mit umschließendem Reim (cddc); so werden die metrisch zusammengehörenden Verse lautlich verbunden. Das ergibt einen tänzerischen Rhythmus, der die Aussage von der lebendigen Kraft des Frühlings, der allen in den Leib fährt und sie verjüngt, unterstreicht. Es handelt sich nicht um ein individuelles Erlebnisgedicht, wie wir es aus dem 18. und 19. Jahrhundert kennen. Die Motive (Verzauberung, Verjüngung, Nennung der Stände) kommen auch in der Vagantenlyrik vor und sind literarische Topoi.

Vagantenlyrik heißt die von umherziehenden (‚vagierenden') Klerikern verfaßte Lyrik. Man muß sich dazu vorstellen, daß im 12. Jahrhundert die Universitäten von Salerno, Montpellier, Paris, Bologna und Oxford gegründet wurden, zwischen denen es einen lebhaften Austausch gab. Wie bei unserem ersten Beispiel verbinden sich auch hier Latein und Volkssprache miteinander:

Wichtigste Sammlung der Vagantenlyrik sind die „Carmina Burana“ (Anfang 13. Jh.).
Carmina Burana. Die Lieder der Benediktbeurer Handschrift. Zweisprachige Ausgabe, dtv. 2063, München: Deutscher Taschenbuchverlag 1979.
Der Münchner Komponist Carl Orff (1895–1982) hat etliche Carmina Burana 1937 zu einem szenischen Oratorium vertont, das häufig aufgeführt wurde.

Floret silva nobilis
floribus et foliis.
ubi est antiquus
meus amicus?
hinc equitavit!
eia! quis me amabit?
Floret silva undique;
nah mime gesellen ist mir wē!

Grůnet der walt allenthalben.
wā ist mīn geselle also lange?
der ist geriten hinnen.
ōwī! wer sol mich minnen?

(Allenthalben Waldesgrün,
Blätter sprossen, Blumen blühn.
Wo ist der bewährte
Freund und Gefährte?
Ritt wohl von hinnen!
Eia! Wer wird mich minnen?
Grünt der Wald wie eh und je;
ich sehne mich nach meinem Freund!

Es grünt der Wald allenthalben.
Wo ist mein Gefährte so lange?
Der ist weggeritten.
Ach, wer wird mich liebhaben?)

Wir haben ein Rollengedicht vor uns: Das lyrische Ich spielt die Rolle des verlassenen Mädchens, dessen Stimmung im Kontrast zur frühlinghaften Natur erlebt wird. Das Ganze hat liedhaften Charakter, worauf auch die Wiederholungen weisen (1=7=9, 3/4=10, 5=11, 6=12). Nur Vers 8, der die Stimmung des Ich explizit benennt, wird nicht wiederholt.

Zum Rollengedicht vgl. S. 65, dazu S. 15 und 127

Sowohl bei Hofe wie auch unter den ‚Studierten‘ gibt es neben der Liebeslyrik auch politisch-satirische Dichtung, mit der die Verfasser – wie wir es von der politischen Lyrik unserer Gegenwart kennen – unmittelbar zu aktuellen Problemen Stellung nehmen. Mit dem folgenden Spruch hat z. B. Walther von der Vogelweide 1213 im ganzen Reich die Aufmerksamkeit auf das Finanzgebaren des Papstes Innozenz III. gelenkt:

Ahi wie kristenliche nu der babest lachet,
swenne er sinen Walchen seit ‚ich hanz also gemachet‘!
daz er da seit, daz solt er niemer han gedacht.
er giht „ich han zwen Alman under eine krone braht.
Daz siz riche stoeren unde brennen unde wasten!
ie dar under füllen wir die kasten:
ich hans an minen stoc gement, ir guot ist allez min.
tiuschez silber vert in minen welschen schrin:
ir pfaffen, ezzent hüener und trinkent win,
und lant die tiutschen leien magern unde asten.

Hei, wie christlich jetzt der Papst lacht,
sooft er zu seinen Welschen sagt „ich hab's so gemacht“!
Was er da sagt, das hätte er niemals denken dürfen.
Er sagt: „Ich habe zwei Deutsche unter eine Krone gebracht.
Sollen sie das Reich verwirren, niederbrennen und verwüsten!
Während dessen füllen wir uns die Kästen:
Ich habe sie an meinen Opferstock getrieben, ihr Besitz gehört ganz mir.
Deutsches Silber wandert in meinen welschen Schrein:
Ihr Geistlichen, eßt Hühner und trinket Wein,
und laßt die deutschen Laien fasten und mager werden!

Walther von der Vogelweide: Sämtliche Lieder, Mittelhochdeutsch und in neuhochdeutscher Prosa. Mit einer Einführung in die Liedkunst Walthers hg. und übertragen von Friedrich Maurer, UTB 167, München: W. Fink 1972

Mit dem Opferstock sind die Geldsammlungen für den Kreuzzug gemeint, an denen sich viele Geistliche unrechtmäßig bereicherten. Die beiden deutschen Könige sind Otto IV. und Friedrich II. Als Otto 1209 Kaiser wurde und in die Italienpolitik eingriff, ließ der Papst den Staufer Friedrich II. zum Gegenkönig wählen.

(2) Beginn der Neuzeit: Renaissance, Humanismus und Reformation sind für den Beginn der Neuzeit kennzeichnend. Alle drei gingen aus den Erneuerungsbewegungen des Spätmittelalters hervor. Dazu kamen Ereignisse, die der Weltgeschichte eine neue Richtung gaben:

1453 Eroberung Konstantinopels durch die Türken: Das Mittelmeer verliert seinen Rang als Weltmeer.

1492 Entdeckung Amerikas: Orientierung Europas nach Westen statt wie bisher nach Süden und Osten.

1522ff. Aufstand der Reichsritter und Bauernkriege: Zwei Stände verlieren ihre bisherige soziale Stellung. Die Macht der Landesfürsten wächst, der Absolutismus bereitet sich vor.

Für die Literatur im besonderen waren zwei Erfindungen bedeutsam: Im Lauf des 14. Jahrhunderts wurde das teure Pergament als Schreibstoff durch das preiswerte Papier abgelöst. Seit der Mitte des 15. Jahrhunderts erlaubte der Buchdruck die rasche Vervielfältigung von Texten. Die Kunst des Lesens verbreitete sich. Damit war eine wichtige Voraussetzung für die rasche Ausbreitung der Reformation gegeben. Mit ihr hängt auch zusammen, daß nun zum erstenmal in der Geschichte lyrische Gedichte – allerdings zu Gebrauchszwecken – eine massenweise Verbreitung fanden: die Kirchenlieder in deutscher Sprache. Ihr bedeutendster Verfasser ist Martin Luther (1483–1546), dessen ‚Ein feste Burg', von Heinrich Heine später als „Marseiller Hymne der Reformation" bezeichnet, in den meisten Lesebüchern zu finden ist:

Von Luther sind 37 Kirchenlieder bekannt, meist Umdichtungen aus Psalmen, Hymnen und anderen liturgischen Texten, Bearbeitungen von älteren Kirchenliedern oder weltlichen Volksliedern, deren Melodie ein geistlicher Text unterlegt wurde, aber auch eigene Dichtungen. Die Verbreitung erfolgte zunächst durch Einblattdrucke.

Ein feste Burg ist unser Gott,
Ein gute Wehr und Waffen.
Er hilft uns frei aus aller Not,
Die uns jetzt hat betroffen.
Der alt böse Feind,
Mit Ernst er's jetzt meint.
Groß Macht und viel List
Sein grausam Rüstung ist.
Auf Erd ist nicht seinsgleichen.
(...)

Das Lied lief zunächst auf Flugblättern um, ist aber schon 1529 in allen evangelischen Gesangbüchern zu finden. Die Strophe besteht aus vier jambischen Vierhebern mit abwechselnd ein- und zweisilbigem Reim (abab), vier Dreihebern mit einsilbigem Reim (ccdd) und einem abschließenden Dreiheber mit weiblicher Kadenz ohne Reim. Verszeilen und syntaktische Einheiten stimmen überein. Die Wortwahl ist einfach (vgl. die Adjektive: ‚fest', ‚gut', ‚böse', ‚groß' usw.), die Bilder (‚Burg' und ‚Wehr' aus AT, Psalm 46,4ff. und 48,4) eingängig. Die Nachbarschaft zum Volkslied, dessen Tradition nicht unterbrochen war, ist deutlich. Abgesehen vom Meistersang (z.B. Hans Sachs 1494–1576), einer im Handwerklichen erstarrten Form des mittelalterlichen Minnesangs,

Ein spätromantisches Bild des Meistersangs lebt fort in Richard Wagners Oper ‚Die Meistersinger von Nürnberg' (1868).

gab es in dieser Zeit Lyrik nur in lateinischer Sprache: die Gedichte der gelehrten Humanisten, die auch ‚Ein feste Burg' ins Latein übersetzten.
Als Ertrag dieser Epoche ist für die weitere Geschichte der Lyrik von Bedeutung, daß die Kenntnis der Bibel sowie die Kenntnis der antiken Literatur zugenommen hatte und zum wesentlichen Bestandteil allgemeiner Bildung geworden war. Das sollte bis in unser Jahrhundert hinein so bleiben.

(3) Barock: Das Lebensgefühl dieser Epoche ist durch die Spannung zwischen Diesseitsfreude und dem Bewußtsein der Vergänglichkeit geprägt. Diese Spannung findet Ausdruck in dem folgenden Liebesgedicht von Martin Opitz (1597–1639), dem Verfasser des ‚Buches von der deutschen Poeterei' (1624):

Opitz: Gymnasium in Breslau und Beuthen, Studium in Heidelberg, zeitweise Professor in Siebenbürgen, 1625 vom Kaiser als ‚Poeta laureatus' geehrt, Sekretär eines Grafen, 1629 in den Adel erhoben, später als Diplomat im Dienst schlesischer Herzöge, 1636 Hofgeschichtsschreiber beim polnischen König, an der Pest gestorben

Ach Liebste/laß uns eilen/
Wir haben Zeit:
Es schadet das verweilen
Uns beyderseit.
Der edlen Schönheit Gaben
Fliehn fuß für fuß:
Das alles was wir haben
Verschwinden muß.
Der Wangen Zier verbleichet/
Das Haar wird greiß/
Der Augen Feuer weichet/
Die Brunst wird Eiß.
Das Mündlein von Corallen
Wird ungestalt/
Die Händ' als Schnee verfallen/
Und du wirst alt.
Drum laß uns jetzt genießen
Der Jugend Frucht/
Eh' als wir folgen müssen
Der Jahre Flucht.
Wo du dich selber liebest/
So liebe mich/
Gib mir/daß/wann du giebest/
Verlier auch ich.

Herder hat das Gedicht 1779 in seine Volkslieder-Sammlung eingefügt, obwohl es nach den Regeln der literarischen Rhetorik aufgebaut ist, wie sie die humanistischen Dichter in ihren lateinischen Werken befolgt hatten. Die

24 Verse gliedern sich deutlich in drei Gruppen zu je acht Zeilen. Die erste Gruppe enthält die Anrede mit den traditionellen Hinweisen auf die Notwendigkeit, die Zeit zu nutzen, und die Vergänglichkeit. Die zweite Reihe bringt die üblichen Zeichen des Altwerdens, in denen die Vorzüge der Geliebten (‚der Wangen Zier', ‚der Augen Feuer', ‚das Mündlein von Corallen' usw.) genannt sind. Die dritte Gruppe schließlich zieht die logische Konsequenz aus dem Vorhergehenden („drum" 17): Die Gelegenheit zur Liebe soll also wahrgenommen werden, denn beide sind vom Altern betroffen. Alle Elemente des Gedichts, die Aufforderung, die Liebesgelegenheit zu nützen, das Vergänglichkeitsmotiv, die Beispielreihe (Wangen, Haar, Augen, Mund, Hände), die logische Struktur, schließlich Versmaß (Wechsel von jambischen Drei- und Zweihebern), das Reimschema (abab cdcd usw.) gehören zum festen Inventar der herkömmlichen, an der literarischen Tradition orientierten Liebeslyrik. Auch hier sind die drei Elemente, welche die europäische Überlieferung ausmachen, miteinander verschmolzen: die antiken Vorbilder, die christlichen Themen und die volkssprachliche Gestaltung.

Das Verfahren, Formen, Motive und Topoi (griech. = ‚Gemeinplätze'), d.h. vorgefertigte Ausdrucksschemata (wie die Liste zur Beschreibung von Frauenschönheit: Wangen, Haar, Augen usw.), der Tradition zu entnehmen, gleicht der literarischen Technik, poetische Bilder nach Vorlagen der bildenden Kunst oder nach Emblem-Büchern zu gestalten. In diesen Büchern waren Moralsprüche und Lebensweisheiten in einer Verbindung von Text und Bild als Muster für die literarische Bearbeitung gesammelt.

Berthold Emrich: Topik und Topoi, ‚Der Deutschunterricht' 18. Jahrgang/1966, Heft 6, S. 15ff.

Zum emblematischen Verfahren s. S. 81f.

Die literarische Technik dieses ‚rhetorisch-emblematischen' Bildgebrauchs verrät das folgende Gedicht von Martin Opitz (1624):

Vgl. Peter Reichartz (Hg.): Barock Lyrik, ‚Editionen', Stuttgart: Klett 1984, S. 91ff.

Schönheit dieser Welt vergehet,
Wie ein Wind, der niemals stehet,
Wie die Blume, die kaum blüht
Und auch schon zur Erde sieht,
Wie die Welle, die erst kömmt
Und den Weg bald weiter nimmt.
Was für Urteil soll ich fällen?
Welt ist Wind, ist Blum und Wellen.

Das kurze Gedicht zeigt eine große formale Geschlossenheit: Es ist in trochäischen Vierhebern gehalten, wobei je ein Verspaar mit weiblichen Kadenzen („-géhet“, „stéhet“, „fällen“, „Wéllen“) vier Verse mit einsilbigem Schluß einrahmt. Durchweg finden wir Paarreim: aabbccdd). Der einfachen Klangform entspricht der klare Aufbau: In Vers 1 wird das Thema angegeben, das nun drei konventionelle Bilder für Vergänglichkeit ausführen (Wind weht vorbei, Blume verblüht, Welle rauscht vorüber). In Vers 7 wird die Reihe der Aussagesätze durch eine Frage abgebrochen, welche – wie in dem Liebesgedicht das „drum“ (17) – die Nutzanwendung zieht, die nun im letzten Vers eine sentenzenhafte Zusammenfassung bringt, die im Bilde bleibt: Die Welt ist vergänglich. Im rhetorischen Aufbau ist das gleiche Prinzip wie in dem Liebesgedicht zu erkennen: Bild und Aussage sind im Vorgang des Vergleichens miteinander verbunden, verschmelzen nicht miteinander wie in Goethes Symbolgedicht.

Das ‚lyrische Ich‘, das zu diesem Verfahren gehört, läßt sich folgendermaßen charakterisieren:

> „Noch ist der Mensch nicht genügend ‚er selber‘ geworden, noch liegt ihm der Glaube an die Wirklichkeit der Subjektivität viel zu fern, als daß er verwandelnd, beseelend, schöpferisch gestaltend in das Sein der Dinge einzugreifen auch nur sich versucht fühlte. Vermessen und unausführbar erschiene es ihm, die Welt vom ‚Subjekt‘ aus zu formen und den Sachen zuzumuten, Persönliches zu symbolisieren ...“ (Gerhard Fricke bei Peter Reichartz, a.a.O., S. 87)

Hier wird die Barocklyrik vom Maßstab des klassisch-romantischen Erlebnisgedichts her beurteilt. Wenn man jedoch von der vorbarocken Lyrik her kommt, fällt das Urteil positiver aus: Die Barockautoren haben bewiesen, daß auch die deutsche Sprache zu poetischen Leistungen geeignet ist.

Vier Themen beherrschen die Barocklyrik:

Beispiele von Gryphius S. 44 und 81.

- Der Dreißigjährige Krieg ließ die Menschen die Welt vor allem als „Jammertal“ erfahren und mahnte sie an die „Vergänglichkeit“ aller Dinge.
- Diese Welt war für sie aber zugleich voller Hinweise auf Gott, so daß sich ihre Naturlyrik ausschließlich darauf beschränkte, diesen Hinweisen zu folgen und die Schönheit der Natur als eine Gottesgabe, ihre Vergänglichkeit aber als Mahnung zu verstehen, daß dieses Leben nur eine Vorbereitung auf das ewige Leben sei.

Ein Beispiel von Paul Gerhardt auf S. 22.

- Die ‚galante', die Liebeslyrik, war als gesellige Kunst ein poetischer Wettbewerb in der virtuosen Verwendung der Bilder und Formen, deren Kenntnis eine Art von gemeinsamer ‚Bildungssprache' darstellte.
- Die meisten Barockdichter waren – darin den Musikgrößen der Epoche, Bach, Telemann, Händel usw. vergleichbar – bei Hofe angestellt (als Sekretäre oder ‚Hofdichter'). Deshalb ist ein großer Teil ihres Schaffens Gelegenheitsdichtung zum Herrscherlob, zur Ausgestaltung der Feste, zu Hochzeit, Geburt oder Begräbnis von Angehörigen der Dynastie.

Vgl. das Liebesgedicht von Opitz auf S. 108.

Bei allen späteren Absetzbewegungen von dieser Art von Dichtung darf nicht vergessen werden, in welchem Maße die spätere Lyrik dem Barock verpflichtet ist. Das wird deutlich, wenn wir das ‚Abendlied' von Matthias Claudius (1779) seinem Vorgänger von Paul Gerhardt (1648) gegenüberstellen:

Paul Gerhardt (1607–1676), aus Sachsen, lutherischer Pfarrer, von seinen 134 teils neu geschaffenen, teils nach Psalmen gedichteten Kirchenliedern finden sich viele noch heute sowohl in evangelischen wie katholischen Gesangbüchern.

Der Tag ist nun vergangen.
Die güldnen Sternlein prangen
Am blauen Himmelssaal.
Also werd ich auch stehen,
Wann mich wird heißen gehen
Mein Gott aus diesem Jammertal.

Paul Gerhardt

Der Mond ist aufgegangen,
die goldnen Sternlein prangen
am Himmel hell und klar;
der Wald steht schwarz und schweiget,
und aus den Wiesen steiget
der weiße Nebel wunderbar.

Matthias Claudius

Während für den Barockdichter der Abend vor allem Hinweis auf den eigenen Tod und die Heimkehr zu Gott ist, empfindet Claudius in der Abendstimmung, wie „wunderbar" Gottes Schöpfung ist, und bittet ihn, „hier auf Erden wie Kinder fromm und fröhlich sein" zu dürfen. Die gesellschaftliche Voraussetzung der Barocklyrik ist der Absolutismus, unter dem sich an den Höfen und in den Städten, wo die Fürsten residieren, zum ersten Mal seit der staufischen Zeit wieder ein literarisches und kunstverständiges Publikum herausgebildet hat. Zwar blieben die antiken Dichtungsmuster in Gestalt der Vorschriften der literarischen Rhetorik bedeutsam, doch wurde nun unter dem fürstlichen Mäzenatentum bewußt die deutsche Sprache gepflegt (1617 Gründung der ersten deutschen Sprachgesellschaft, 1624 Opitz' ‚Buch von der deutschen Poeterei'); die bedeutenden Dichter standen im Fürstendienst. Da alles Großartige und Prächtige, was auf den höfischen Festen zu sehen war, und alle Macht der Könige und Adligen für eitel und der Vergänglichkeit preisgegeben erachtet wurde, stellte die Verteilung von Macht und Reichtum auf dieser Erde kein literarisches Thema dar. Die Fürsten hatten darüber im Namen Gottes zu bestimmen, wie es Luthers Auslegung von NT Röm. 13,1 („Seid untertan der Obrigkeit") entspricht. Sie bestimmten ja auch über die Konfession ihrer Untertanen.

‚Cuius regio, eius religio': Wem das Territorium gehört, dessen Religionsbekenntnis gilt (auch für die Untertanen).

(4) Aufklärung: Ende des 17. Jahrhunderts entstand in England (‚age of enlightenment') und Frankreich (‚siècle des lumières') eine geistige Bewegung, die zum Ziel hatte, dem Menschen mit Hilfe der Vernunft zum „Ausgang aus seiner selbstverschuldeten Unmündigkeit" zu verhelfen, wie es Immanual Kant 1784 in seinem Aufsatz ‚Beantwortung der Frage: Was ist Aufklärung?' ausgedrückt hat. In der Zeit zwischen 1720 und 1785 hat man in Deutschland versucht, die aufklärerischen Vernunftprinzipien auf die Dichtung zu übertragen. Bis 1740 beeinflußte Johann Christoph Gottsched (1700–1766) diesen Versuch mit seiner Auffassung von der „Nützlichkeit der Literatur" (1730 ‚Versuch einer kritischen Dichtkunst'). Von 1755 bis 1770 löste ihn Gotthold Ephraim Lessing (1729–1781) in der Führungsrolle ab. Er vermied im Unterschied zu Gottsched die Überbetonung der formalen Regelhaftigkeit und hob statt dessen die künstlerische Kreativität als Maßstab hervor, die er bei den großen Autoren der Weltliteratur fand.
Die Aufklärung zeigt in Deutschland kein einheitliches Bild. In der Lyrik gibt es mehrere Neuansätze, in denen die aufklärerischen Gedanken weitergeführt, korrigiert und kritisiert werden:
Vom 18. Jahrhundert ab lassen sich die einzelnen Epochen der Lyrik nur schwer voneinander trennen, weil stets verschiedene Weisen des Dichtens gleichzeitig nebeneinander in Gebrauch sind und die bedeutenden Dichter der Zeit nacheinander an mehreren literarischen Richtungen teilhaben, wie z.B. Goethe, der im Sturm und Drang begann, dann die Klassik begründete und schließlich noch die Romantiker überlebte. Die Vielfalt der sich überschneidenden ‚Epochen' ist ein Zeichen

dafür, daß die Dichtung innerhalb der sich verändernden Kultur eine größere Eigenständigkeit gewonnen hat als bisher (Autonomie der Kunst), daß die Kultur nicht mehr die frühere Geschlossenheit besitzt, sondern offener geworden ist (Säkularisierung der Kunst) und daß die Dichter, die jetzt größtenteils dem Bürgertum entstammen, wie dieses selbst ein stärkeres Selbstbewußtsein entwickelt haben (Emanzipation der Künstler).

(4.1) Frühe Aufklärung: In der Lyrik können wir einen Einschnitt im Jahr 1721 bemerken, als das Buch ‚Irdisches Vergnügen in Gott, bestehend in physikalisch-moralischen Gedichten' von Barthold Heinrich Brockes (1680–1747) erscheint, aus dem wir die ‚Kirschblüte bei der Nacht' betrachten wollen:

Brockes' Gedichtsammlung in 9 Teilen hatte in der Zeit nach ihrem Erscheinen (1721–1748) alle drei Jahre eine Neuauflage. Das Anliegen des Dichters, die Menschen sollten „im Buch der Kreatur erstaunt mit Ehrfurcht lesen", d. h. durch Naturbeobachtung zur Gotteserkenntnis gelangen, fand offensichtlich Zustimmung.

Ich sahe mit betrachtendem Gemüte
Jüngst einen Kirschbaum, welcher blühte,
In kühler Nacht beim Mondenschein;
Ich glaubt', es könne nichts von größrer Weiße sein.
Es schien, ob wär ein Schnee gefallen.
Ein jeder, auch der kleinste Ast
Trug gleichsam eine rechte Last
Von zierlich-weißen runden Ballen.
Es ist kein Schwan so weiß, da nämlich jedes Blatt,
Indem daselbst des Mondes sanftes Licht
Selbst durch die zarten Blätter bricht,
Sogar den Schatten weiß und sonder Schwärze hat.
Unmöglich, dacht ich, kann auf Erden
Was Weißers ausgefunden werden.

Indem ich nun bald hin und her
Im Schatten dieses Baumes gehe,
Sah ich von ungefähr
Durch alle Blumen in die Höhe
Und ward noch einen weißern Schein,
Der tausendmal so weiß, der tausendmal so klar,
Fast halb darob erstaunt, gewahr.

Der Blüte Schnee schien schwarz zu sein
Bei diesem weißen Glanz. Er fiel mir ins Gesicht
Von einem hellen Stern ein weißes Licht,
Das mir recht in die Seele strahlte.

Wie sehr ich mich an Gott im Irdischen ergetze,
Dacht ich, hat Er dennoch weit größre Schätze.
Die größte Schönheit dieser Erden
Kann mit der himmlischen doch nicht verglichen werden.

Jambische Verse unterschiedlicher Länge, vom Dreiheber (17) bis zum Sechsheber (4, 9, 12, 20, 23, 29), wechseln ab. Auch die Reimarten variieren: Paarreim (aabb) zeigen 1 bis 4, 13/14, 23/24 und 26–29; umschließender Reim (abba) findet sich in 5 bis 8, 9 bis 12 und 19 bis 22; Kreuzreim (abab) haben wir in 15 bis 18; nur Vers 25 ist reimlos. Versende und Sinneinschnitt entsprechen einander. Das alles ergibt einen ruhig dahinfließenden Rhythmus, der gut zu der Mischung von beschreibend-erzählender, belehrender und preisender Haltung paßt, die hier vorliegt. Neu ist bei dieser Naturlyrik, daß sie von genauer, geradezu naturwissenschaftlich reflektierter Beobachtung ausgeht, die ihre Voraussetzungen in der zeitgenössischen empirischen Naturwissenschaft (Newton 1643–1727) und sensualistischen Philosophie (John Locke 1632–1704) hat.
Es handelt sich um das sinnesphysiologische Phänomen, daß dem menschlichen Auge ein Gegenstand um so heller erscheint, je dunkler seine Umgebung ist, und daß umgekehrt die Umgebung um so dunkler erscheint, je heller ein Gegenstand sich von ihr abhebt. So sind zunächst die Kirschblüten im Mondlicht der Inbegriff des Weißen (1–14); doch im Licht des helleren Sterns werden sie geradezu schwarz (15–25). Schließlich wird das Verhältnis übertragen auf den Unterschied zwischen der irdischen und der himmlischen Schönheit (26–29).
Aus der genauen Beobachtung („Ich sahe“ 1) ergibt sich die Gotteserkenntnis („Dacht ich“ 27) des ‚lyrischen Ich‘. Der Schritt über den Barock hinaus besteht bei Brockes darin, daß die Natur nicht mehr nur – wie für den barocken Menschen – Gegenstand der Betrachtung ist, die den Geist angesichts der Vergänglichkeit auf das hinlenkt, was nicht Natur ist, die vom geoffenbarten Gott verheißene Ewigkeit (‚Theismus‘ wird diese Auffassung von den Religionshistorikern genannt). Nunmehr ist die Natur Objekt der Beobachtung, aus der sich die Einsicht in die Schönheit und Zweckmäßigkeit der natürlichen Ordnung ergibt, die Gott dem Menschen als die „vollkommenste aller möglichen Welten“ – wie der Philosoph Gottfried Wilhelm Leibniz (1646–1716) sich ausgedrückt hat – überlassen hat (hier würde man von ‚Deismus‘ sprechen). Diese Haltung ist nicht mit Goethes Erlebnis der Natur zu verwechseln, in welchem ihm die Ganzheit und Einheit aller Wesen aufging, die er als „Gott-Natur“ bezeichnete, als deren Teil er sich wußte (diese Auffassung hat man als ‚Pantheismus‘ bezeichnet).

Theismus usw.: Zur genaueren Begriffsdefinition vgl. Max Apel, Peter Ludz: Philosophisches Wörterbuch, 6. Aufl., Sammlung Göschen 2202, Berlin: Walter de Gruyter 1976

(4.2) Rokoko: Ein zweiter lyrikgeschichtlicher Neueinsatz ergibt sich seit etwa 1740. Um einen Eindruck davon zu erhalten, lesen wir einige Strophen des Gedichts ‚Apollo, ein Hirte' von Friedrich von Hagedorn (1708–1754):

Das portugiesische Wort ‚barocco' („Brockenperle") war ein Fachausdruck der Juweliere, bevor die französischen Klassizisten damit all das bezeichneten, was im Vergleich mit ihrem Kunstideal „absonderlich, schwülstig" erschien. Das französische Wort ‚rocaille' bedeutet „Muschelwerk" und bezeichnet das Leitornament der Rokoko-Dekoration. Der Barock ist die künstlerische Ausdrucksform des frühen, das Rokoko die des späten Absolutismus.

Mein Herz gleicht den zufriednen Herzen,
Die Lieb und freier Mut belebt,
Die gern in sichrer Ruhe scherzen,
Wann rauschend Glück den Stolz erhebt.
Die Ehre gönn ich größern Leuten,
Und wünsche mir auf dieser Welt
Nur den Genuß der Zärtlichkeiten,
Die Neid und Argwohn nicht vergällt.

Was liebenswürdig ist, zu lieben,
Hat uns die paarende Natur
Mit unserm Blut ins Herz geschrieben,
Und das entfällt dem Alter nur.
Erfinder weiser Schwermutsgründe!
Wenn man bei eurem Klügeln lacht,
So rechnets der Natur zur Sünde,
Daß sie die Lust so reizend macht...

Hagedorn, ein Hamburger Kaufmann, wählte seine Anregungen und Vorbilder aus der antiken, französischen und englischen Literatur. In seinem Stil schrieb Goethe solche ‚anakreontischen' Gedichte, als er 1765 in Leipzig, dem damaligen ‚Klein-Paris', Jura zu studieren begann.

Hier haben wir sämtliche Motive zusammen, die das literarische Rokoko kennzeichnen:

- Das Naturbild ist nicht erlebt, sondern stammt aus der antiken ‚Bukolik' (griech. = Hirtendichtung), die in der Renaissance wiederbelebt worden war und hier zum letzten Mal in der europäischen Literatur auftritt. Sie enthält Szenen aus einer Phantasielandschaft ‚Arkadien' und einem ‚goldenen Zeitalter', in dem Glück, Eintracht, ewiger Frühling und Liebe herrschen und schöne, sangeskundige Hirten auftreten, die nichts mit den zeitgenössischen Landbewohnern und deren Problemen zu tun haben. Diese Welt ist ein Gegenbild zu der mit der Revolution der Naturwissenschaften gewandelten Natur- und Wirklichkeitsauffassung, aber auch zur Welt des Hofes („Ehre" 5, „Neid und Argwohn" 8).
- Es ist nämlich eine gesellige Lyrik, vor allem der Liebe und Freundschaft gewidmet („Mein Herz gleicht den zufriednen Herzen..." 1). Diese Geselligkeit ist Ausdruck eines betont bürgerlichen Bewußtseins, das sich von der Welt des Hofes und des Adels absetzt.

- Diese Lyrik enthält auch eine Kritik an der Aufklärung („Klügeln“ 14); sie möchte Vernunft und Sinnlichkeit ins Gleichgewicht bringen, indem sie den Gesetzen folgt, die „uns die . . . Natur . . . ins Herz geschrieben“ hat (9–11).
- Schließlich darf man nicht aus dem Inhalt auf das Leben der Dichter schließen. Diese Lyrik lebt vom Reiz der Form. Ihr Spielcharakter, der sie mit dem ‚Mutterboden‘ der Lyrik, dem vorliterarischen Reimen, verbindet, unterscheidet sie von Barock und Frühaufklärung („in sichrer Ruhe scherzen“ 3):

Zum Spielcharakter der Lyrik vgl. S. 100.

In diesem Wiederaufleben der antiken Schäferdichtung meldet sich zum ersten Mal – durch die Schriften von Jean Jacques Rousseau (1712–1778) angeregt – das Bewußtsein vom problematischen Fortschritt der menschlichen Zivilisation, das dem Geschichtsoptimismus der Aufklärung widersprach.

Rousseau nahm einen glücklichen, naturhaften Urzustand der Menschheit an (état naturel), aus dem die Menschen durch Vergesellschaftung (état civil) ins Verderben geraten seien.

(4.3) Empfindsamkeit: Ein dritter Einschnitt ist mit dem Namen Friedrich Gottlieb Klopstock (1724–1803) verbunden und führt zu einer besonders gefühlsbetonten Dichtung. Sie hängt mit der religiösen Erweckungsbewegung des Pietismus zusammen, die ihren literarischen Höhepunkt in dem Versepos ‚Der Messias‘ von Klopstock (1748) findet. Der Name für diese Richtung wurde nach dem Titel des damals vielgelesenen Romans ‚Empfindsame Reise durch Frankreich und Italien‘ von Laurence Sterne (1713–1768) genommen. Die Wortprägung ‚empfindsam‘ als Übersetzung des englischen ‚sentimental‘ geht übrigens auf Lessing (1729–1781) zurück. Es handelt sich um eine gleichsam nach innen gewendete Aufklärung, die versucht, mit Hilfe der Vernunft auch die Empfindungen aufzuklären. Sie ist als Reaktion des seiner selbst bewußt werdenden Bürgertums zu verstehen, das sich durch die Machtverhältnisse auf den rein geistigen, literarischen und künstlerischen, Bereich beschränkt sah. Wie völlig anders hier z. B. das Thema ‚Vergänglichkeit‘ behandelt wird als im Barock, zeigt das Gedicht ‚Der Mensch‘ von Matthias Claudius (1740–1815):

Zu Klopstock vgl. auch S. 55f.

Barockbeispiele S. 44, 81, 109ff.

Claudius, Pfarrerssohn aus Reinfeld/Holstein, stud. theol. und jur., in Kopenhagen Zusammentreffen mit Klopstock, Schriftsteller und Bankrevisor in Wandsbek bei Hamburg, Herausgeber des ‚Wandsbeker Boten‘.

Empfangen und genähret
  Vom Weibe wunderbar
Kömmt er und sieht und höret,
  Und nimmt des Trugs nicht wahr;
Gelüstet und begehret,

Und bringt sein Tränlein dar;
Verachtet und verehret;
Hat Freude und Gefahr;
Glaubt, zweifelt, wähnt und lehret,
Hält nichts und alles wahr;
Erbauet und zerstöret;
Und quält sich immerdar;
Schläft, wachet, wächst und zehret;
Trägt braun und graues Haar;
Und alles dieses währet,
Wenn's hoch kommt, achtzig Jahr.
Denn legt er sich zu seinen Vätern nieder,
Und er kömmt nimmer wieder.

Wir sehen eine nicht abbrechende Kette von Verbformen (29 auf 18 Verse), die in einer Art von stilistischem ‚Zeitraffer' verdeutlicht, wie rasch das Leben verläuft und zu Ende geht. Diese Bewegung wird durch den Wechsel von jambischen Dreihebern mit weiblicher und mit männlicher Kadenz beschleunigt und von dem durchlaufenden Kreuzreim (ababab usw.) unterstützt. In 17 gibt dann der rhythmische Bruch (Fünfheber, neuer Reim) den Tod an: Er „legt ... sich ... nieder" und kehrt niemals zurück, d. h. der Tod ist endgültig. In wenigen Versen wird der menschliche Lebenslauf von der Empfängnis bis ins Alter durchmessen, werden seine Widersprüche im Kurzvers hart gegeneinander gestellt:
„verachtet und verehret" (7)
„erbauet und zerstöret" (11)

Ja, zweimal sind zwei solcher Gegensatzpaare in einem einzigen Vers zusammengeschlossen:
„glaubt/zweifelt -- wähnt und lehret" (9)
„schläft/wachet -- wächst und zehret" (13)

Auch andere Wortarten sind an der Gegensatzbildung beteiligt:
Substantive: „Freude und Gefahr" (8)
Pronomina: „nichts und alles" (10)
Adjektive: „braun und graues Haar" (14)

Hier ist nicht einfach bloß die ‚Eitelkeit' der irdischen Dinge, die Vergänglichkeit, lyrisch ausgesagt, sondern – verknüpft mit dem Vergänglichkeitsmotiv – zugleich die Widersprüchlichkeit der menschlichen Existenz zwischen Gut und Böse und auch ihre Einmaligkeit und Unwiederholbarkeit:
„Und er kömmt nimmer wieder" (18).

Das ist ein bisher nicht gehörter Ton in der Lyrik, eine Verdichtung der lyrischen Aussage, die es so noch nicht gab (obwohl das kurze Gedicht von Opitz S. 109 die Möglichkeit andeutete, das Motiv kürzer abzuhandeln, als es im Sonett gestattet ist). Im ‚Spätboot' von C. F. Meyer (s. o. S. 69f.) ist übrigens ein ganz anderes Verfahren gewählt, sich der Endlichkeit der eigenen Existenz zu versichern: Während Claudius das ganze Leben in wenigen Versen zusammenfaßt, um zu zeigen, daß schon der Säugling auf den Tod zu lebt, wird C. F. Meyer eine Alltagsszene in symbolischer Weise dafür bedeutsam, daß der ‚Fährmann' auf uns wartet.

(4.4) Sturm und Drang: Eine weitere wichtige literarische Bewegung, die sich innerhalb der Aufklärungsepoche ausgrenzen läßt, ist der ‚Sturm und Drang'. So lautet der Titel eines Schauspiel, das einer der ‚Stürmer und Dränger', Friedrich Maximilian Klinger, 1777 geschrieben hat. Die bedeutendsten Angehörigen dieser literarischen Richtung waren Johann Gottfried Herder (1744–1803), Gottfried August Bürger (1747–1794), Johann Wolfgang Goethe (1749–1832) und Friedrich Schiller (1759–1805). Neu ist die Form, in der sich dieser Kreis konstituiert und miteinander umgeht: Junge Autoren, zwischen 20 und 30 Jahre alt, pflegen die gleichen Überzeugungen, sprechen die gleiche Sprache, schreiben sich Briefe, kommen zusammen, um einander ihre Arbeiten vorzulesen und darüber zu diskutieren, verstehen sich selbst als ‚Originalgenies' und studieren Jean Jacques Rousseau (1712–1778). Die Orientierung an Rousseaus Schriften und die damit verbundene Kritik an der Aufklärung bestimmten die Gedanken der ‚Stürmer und Dränger' in folgenden Punkten:

Zur Auffassung dieser Epoche vom dichterischen Schaffensprozeß vgl. auch S. 12 und 81

- Sie stellten einer einseitigen Betonung der Vernunft ein ganzheitliches Menschenbild entgegen, das Geist, Seele und Leib umfaßt und Sinnlichkeit und Leidenschaft nicht als Störelemente, sondern als produktive Kräfte ansieht.
- Sie waren nicht mehr der Überzeugung, daß frühere Epochen gegenüber der eigenen Zeit kulturell minderwertig seien, sondern daß sie vielmehr große Werke der Kunst und Literatur hervorgebracht hätten.
- In der Dichtung lehnten sie Gottscheds Vorschriften ab und setzten als Wertmaßstab die Individualität des Dichters, die im Werk zum Ausdruck kommt, an die Stelle der Regelgemäßheit.

Daher finden wir im Sturm und Drang eine Vorliebe für die volkstümlichen Dichtungsformen Lied und Ballade (Herder legt ab 1773 eine große Sammlung von Volksliedern aus allen möglichen Völkern und Zeiten an). An die Stelle der Behandlung konventioneller Themen in tradierten Formen tritt der lyrische Ausdruck eigenen Erlebens: Die Epoche der ‚Erlebnislyrik' beginnt. Der Dichter versteht seine Fähigkeiten in Analogie zur göttlichen Schöpferkraft, wie es der Prometheus-Hymnus von Goethe 1773 andeutet:

Herder, aus Ostpreußen, Theologiestudium in Königsberg, Beziehung zu Kant, ab 1764 Lehrer und Geistlicher in Riga, Reise nach Frankreich, 1770 mit Goethe in Straßburg, ab 1776 Generalsuperintendent in Weimar.

Hast du's nicht alles selbst vollendet,
heilig glühend Herz?

In der literarischen Bewegung des ‚Sturm und Drang' hatte auch die politische Bewußtseinsbildung des Bürgertums an Stärke zugenommen. Die Rousseau-Begeisterung führte auf die französischen Ereignisse von 1789 hin, das Schauspiel ‚Sturm und Drang' spielt im neuen Amerika, das sich 1776 die erste freie, auf den Menschenrechten beruhende Verfassung gegeben hatte. 1773 hat Gottfried August Bürger in volkstümlichem Ton das Gedicht ‚Der Bauer an seinen durchlauchtigen Tyrannen' verfaßt:

G. A. Bürger (1747–1794) wurde durch die Ballade ‚Lenore' (1773) und die ‚Erzählungen von den Abenteuern des Barons Münchhausen' bekannt.

Wer bist du, Fürst, daß ohne Scheu
Zerrollen mich dein Wagenrad,
Zerschlagen darf dein Roß?

Wer bist du, Fürst, daß in mein Fleisch
Dein Freund, dein Jagdhund, ungebleut
Darf Klau' und Rachen haun?

Wer bist du, daß durch Saat und Forst
Das Hurra deiner Jagd mich treibt,
Entatmet, wie das Wild? –

Die Saat, so deine Jagd zertritt,
Was Roß und Hund und du verschlingst,
Das Brot, du Fürst, ist mein.

Du Fürst hast nicht, bei Egg' und Pflug,
Hast nicht den Erntetag durchschwitzt.
Mein, mein ist Fleiß und Brot! –

Ha! du wärst Obrigkeit von Gott?
Gott spendet Segen aus; du raubst!
Du nicht von Gott, Tyrann!

Jeder der 6 Strophen besteht aus zwei jambischen Vierheber und einem Dreiheber. Reim gibt es nicht, auf schöne Anklänge wird verzichtet. Der Rhythmus wirkt schwer und hart. Die ersten drei Strophen sind durch die Anapher „Wer bist du (Fürst) daß . . .“ verbunden. Sie stellen drei Fragen, die in den nächsten drei Strophen beantwortet werden. Die Antwort stellt zunächst dem Angesprochenen („du“ 1, 4, 7; „dein“ 2, 3, 5, 7) das eigene Recht gegenüber („mich“ 2,8; „mein“ 4, 12, 15), um schließlich das Gottesgnadentum grundsätzlich in Frage zu stellen (16–18), ja den Titel „Fürst“ (1, 4, 12, 13) durch den Namen „Tyrann“ (18) zu ersetzen. Es ist im Grunde die gleiche Frage, die Goethes Prometheus, das Urbild des ‚Originalgenies‘, an Zeus richtet:

Ich dich ehren? Wofür? (38)

Und wie der Bauer bei Bürger auf sein Eigentum und Recht pocht, so Goethes Prometheus auf seine Unabhängigkeit:

Hat nicht mich zum Manne geschmiedet
die allmächtige Zeit
und das ewige Schicksal,
meine Herren und deine?

Der Unterschied liegt darin, daß Goethes Hymnus das Selbstverständnis des ‚Sturm-und-Drang‘-Dichters in einem alten Mythos symbolisiert, während G. A. Bürger in seinem Rollengedicht, d.h. durch den Mund des geplagten Bauern, den gesellschaftlichen Alltag charakterisiert, vor dessen Hintergrund die Sturm-und-Drang-Literatur entstanden ist.

Auch in der Liebeslyrik gibt es einen neuen Ton, wie er besonders in Goethes Gedicht ‚Maifest‘ aus der Straßburger Zeit (1771) zum Ausdruck kommt:

Wie herrlich leuchtet
Mir die Natur!
Wie glänzt die Sonne!
Wie lacht die Flur!

Es dringen Blüten
Aus jedem Zweig
Und tausend Stimmen
Aus dem Gesträuch

Und Freud und Wonne
Aus jeder Brust.
O Erd, o Sonne,
O Glück, o Lust,

O Lieb, o Liebe,
So golden schön
Wie Morgenwolken
Auf jenen Höhn.

Du segnest herrlich
Das frische Feld –
Im Blütendampfe
Die volle Welt!

O Mädchen, o Mädchen,
Wie lieb ich dich!
Wie blinkt dein Auge,
Wie liebst du mich!

So liebt die Lerche
Gesang und Luft,
Und Morgenblumen
Den Himmelsduft,

Wie ich dich liebe
Mit warmem Blut,
Die du mir Jugend
Und Freud und Mut

Zu neuen Liedern
Und Tänzen gibst.
Sei ewig glücklich,
Wie du mich liebst.

Versmaß und Reim sind sehr frei behandelt: Meist ist das Schema abcb, in der dritten Strophe abab, 6 und 8 reimen sich nur in Frankfurterischer Aussprache (‚Zweich'). Die jambischen Zweiheber haben teils männliche, teils weibliche Kadenzen. Die Gliederung der Aussage greift über die Strophengrenzen hinweg: Zunächst Jubel über die leuchtende Natur, wobei es keine Trennung von Innen und Außen gibt („Blüten" 5, „Zweig" 6, „Stimmen" 7, „Brust" 10). Dann mit 11 ein Neueinsatz: Erde, Sonne, Glück, Lust und Liebe (zweimal: 13) sind als Quellen des Segens, der über der Welt liegt (17–20), in dem „Du" (17) zusammengefaßt, hinter dem man eine pantheistische Vorstellung vermuten darf. Mit Vers 21 beginnt dann die Liebeserklärung an das Mädchen, das wir als Goethes

Beachte die Strophenübergänge 8/9, 12/13, 28/29, 32/33, welche die Einheit von Natur, ‚lyrischem Ich' und geliebtem Mädchen durch die fließende Klangform betonen.

Jugendliebe, die Sesenheimer Pfarrerstochter Friederike Brion, kennen. Die neue Erlebnis- und Ausdrucksweise des ‚lyrischen Ich' sprengt den Rahmen der Konvention, wagt es, starke Gefühle zur Sprache zu bringen (z. B. die Ausrufe: achtmal ‚o', sechsmal emphatisches ‚wie'). Ich und Natur werden in einer einzigen sprachlichen Bewegung eins.

(5) Klassik: Mit dem Wort ‚klassisch' (lat. ‚classicus') wurden in der Antike die mustergültigen Autoren bezeichnet. In der deutschen Literaturgeschichte des 19. Jahrhunderts faßte man die Epoche zwischen Goethes Italienreise (1786) und Schillers Tod (1805) als ‚(Weimarer) Klassik' zusammen und sah in ihr den Höhepunkt deutscher Dichtung. Mit der Lösung aus dem Sturm-und-Drang-Kreis orientierten sich Schiller und Goethe an den literarischen Mustern der Antike und knüpften mit ihren Ideen der Humanität, der Toleranz, des Maßes wieder an die Aufklärung an. Was Goethe selber unter ‚Klassik' verstand, läßt sich an seiner fünften Römischen Elegie erkennen, die 1795 in Schillers Monatsschrift ‚Die Horen', also lange nach der Italienischen Reise, abgedruckt wurde:

Wulf Segebrecht: Sinnliche Wahrnehmung Roms. Zu Goethes ‚Römischen Elegien' unter besonderer Berücksichtigung der ‚Fünften Elegie', in: Ders. (Hg.): Gedichte und Interpretationen, Band 3, Klassik und Romantik, Reclam UB 7892, Stuttgart 1984, S. 48–59

Froh empfind' ich mich nun auf klassischem Boden begeistert,
Lauter und reitzender spricht Vorwelt und Mitwelt zu mir.
Ich befolge den Rath, durchblättere die Werke der Alten
Mit geschäftiger Hand täglich mit neuem Genuß.
Aber die Nächte hindurch hält Amor mich anders beschäftigt,
Werd' ich auch halb nur gelehrt, bin ich doch doppelt vergnügt.
Und belehr ich mich nicht? wenn ich des lieblichen Busens
Formen spähe, die Hand leite die Hüften hinab.
Dann versteh ich erst recht den Marmor, ich denk' und vergleiche,
Sehe mit fühlendem Aug', fühle mit sehender Hand.
Raubt die Liebste denn gleich mir einige Stunden des Tages;
Giebt sie Stunden der Nacht mir zur Entschädigung hin.
Wird doch nicht immer geküßt, es wird vernünftig gesprochen,

Überfällt sie der Schlaf, lieg ich und denke mir viel.
Oftmals hab' ich auch schon in ihren Armen gedichtet
Und des Hexameters Maas, leise, mit fingernder Hand,
Ihr auf den Rücken gezählt, sie athmet in lieblichem Schlummer
Und es durchglühet ihr Hauch mir bis ins tiefste die Brust.
Amor schüret indeß die Lampe und denket der Zeiten,
Da er den nämlichen Dienst seinen Triumvirn gethan.

Das Gedicht ist nicht „auf klassischem Boden" (1) entstanden, sondern in der nachitalienischen Zeit unter dem Eindruck der Revolutionsereignisse in Frankreich, aber auch persönlicher Erlebnisse (Verbindung mit Christiane Vulpius). Es hält nicht ein einzelnes Erlebnis fest, sondern bringt den Bewußtseinswandel zum Ausdruck, den Goethe seit der Reise durchgemacht hat: Er ist sinnlich empfänglicher geworden für die Wirklichkeit, die nun „lauter und reitzender" (2) zu ihm spricht, sowohl für die Gegenwart („Mitwelt" 2) wie für die Antike („Vorwelt" 2). Sein Lebensgefühl umfaßt nun beides. Damit erfüllt die Elegie das Programm der ‚Horen', das Schiller so formuliert:

„Je mehr das beschränkte Interesse der Gegenwart die Gemüter in Spannung setzt, einengt und unterjocht, desto dringender wird das Bedürfnis, durch ein allgemeines und höheres Interesse an dem, was *rein menschlich* und über allen Einfluß der Zeiten erhaben ist, sie wieder in Freiheit zu setzen und die politisch geteilte Welt unter der Fahne der Wahrheit und Schönheit wieder zu vereinigen."

Wie hier das Programm die Wiedervereinigung des Getrennten im politischen Bereich anzielt, so die Elegie auch im Menschlichen (Vernunft <u>und</u> Sinnlichkeit) und Kulturellen (Altertum <u>und</u> Gegenwart). Durch die beiden letzten Verse fügt sich das lyrische Ich in die antike Tradition der Liebeselegie ein (die ‚Triumvirn' sind die römischen Dichter Catull, etwa 87–54 vor Chr., Tibull, gest. 19 v. Chr. und Properz, etwa 50–15 v. Chr.). Aber das Thema ist nicht die Liebe, sondern die Rezeption der antiken Kultur durch das lyrische Ich. Die Reihe der Verben zeigt gleichsam das Verfahren, das diese Rezeption leitet:
‚empfinden' (1), ‚durchblättern' (3), ‚sich belehren' (7), ‚spähen' (8), ‚(die Hand) hinableiten' (8), ‚verstehen', ‚denken', ‚vergleichen' (9), ‚sehen', ‚fühlen' (10; durch

Eckermann notiert am 2. 4. 1829 folgendes Statement Goethes: „Das Klassische nenne ich das Gesunde und das Romantische das Kranke." Später revidiert Goethe diese Ansicht unter dem Einfluß von Schillers Schrift ‚Über naive und sentimentalische Dichtung' (Eckermann 21. 3. 1830), in der die naive Dichtung, die sich noch im Einklang mit der Natur weiß, von der sentimentalischen unterschieden wird, die diesen Einklang vermißt und wiederzugewinnen strebet. In seinem Brief an Goethe vom 28. 8. 1794 gebraucht Schiller das Gegensatzpaar ‚intuitiv' und ‚spekulativ'.

Chiasmus und Wiederholung verknüpft), ‚küssen‘, ‚(vernünftig) sprechen‘ (13), ‚denken‘ (14), ‚dichten‘ (15), ‚(Versmaß) zählen‘ (16/17)

Denken, Lesen, Lernen, Vergleichen und sinnlich Spähen, Sehen, Fühlen, Liebe sind also zusammengehörige Handlungen; Nachsinnen und Sinnlichkeit dürfen genauso wenig auseinandergerissen werden wie Gegenwart und Vergangenheit. Diese Einsicht in die Ganzheit der menschlichen Fähigkeiten und in die Ganzheit unserer geschichtlichen Welt verdeutlicht die Elegie damit, daß in ihr die Eroberung der Geliebten und die Aneignung Roms, seiner Literatur (3) und seiner antiken Bildwerke (9), identisch sind. Wie in dem Dornburger Gedicht (s. o. S. 84) sind auch hier Erlebnis (Italienreise), Idee (Ganzheit von Geist und Sinnlichkeit, Augenblick und Geschichte) und Bild (Liebesnacht) zum Symbol verschmolzen.

Hölderlin, stud. theol., Stipendiat des Tübinger Stifts (mit Hegel und Schelling), Hauslehrer bei Bankier Gontard in Frankfurt, Liebe zu dessen Frau („Diotima“), nach deren Tod 1802 Zusammenbruch, 1806 in der Heilanstalt Tübingen, ab 1807 bei Tischler Zimmer in Tübingen in Pflege.

Außerhalb der Weimarer Klassik steht Friedrich Hölderlin (1770–1843), obwohl er sich wie kein anderer Lyriker streng an die Form der antiken Vorbilder hielt. Doch vermochte er nicht, den Harmonie-Gedanken gegen die Erfahrung der Widersprüchlichkeit des menschlichen Lebens durchzuhalten. Das Bürgertum des 19. Jahrhunderts hat seine Gedichte nicht in seine Anthologie klassischer Lyrik aufgenommen. Er wurde erst in diesem Jahrhundert wiederentdeckt. Sein Lebensgefühl kommt in dem Gedicht ‚Abendphantasie‘ (1799) zum Ausdruck:

Wohl kehren itzt die Schiffer zum Hafen auch,
In fernen Städten, fröhlich verrauscht des Markts
Geschäftger Lärm; in stiller Laube
Glänzt das gesellige Mahl den Freunden.

Wohin denn ich? Es leben die Sterblichen
Von Lohn und Arbeit; wechselnd in Müh und Ruh
Ist alles freudig; warum schläft denn
Nimmer nur mir in der Brust der Stachel?

Zwei Strophen im Maß der Alkäischen Ode geben ein Bild des Abends. Drei Orte werden ausgewählt: Einlaufen der Schiffe in ferne Häfen, Geschäftsschluß auf dem Markt, Gastmahl in der Laube. Die Bewegung der Bilder läuft von der Ferne in die Nähe: Die Menschen kommen zur Ruhe. In der zweiten Strophe nimmt sich das ‚lyrische Ich‘ mit der Frage „Wohin denn ich?“ aus dem Kreise der

Menschen, die im Wechsel von Arbeit und Ruhe „freudig“ leben, aus und klagt über den „Stachel“ in der eigenen Brust. Der scharfe Bruch zwischen der ersten und der zweiten Strophe weist auf den Sinn des Gedichts: den Widerspruch zwischen dem klassischen Ideal der Harmonie von „Lohn und Arbeit“, „Müh und Ruh“, von Nähe und Ferne (3/4) und 1/2), und dem eigenen Bewußtsein der Entfremdung, des Getrenntseins von jener Harmonie, das der Dichter dennoch in einer streng klassischen Form zum Ausdruck bringt. Ein neuer Bildgebrauch liegt hier vor: Die Abendszenen sind dazu da, in der Entgegensetzung von erster und zweiter Strophe die Zerrissenheit und Unruhe des ‚lyrischen Ich‘ zum Ausdruck zu bringen, seine hoffnungslose Sehnsucht nach Frieden, dessen Zeichen bei Hölderlin öfter der heimkehrende Schiffer oder der Platz in stiller Laube ist. So werden bei ihm die Erscheinungen der Geschichte, der Natur, des Mythos „die Chiffren seiner inneren Welt“, wie Walther Killy sagt, denn „die Chiffren werden nach einem System gefügt, dessen Code nicht die Welt allein, sondern der Dichter entworfen hat“. Man darf also Hölderlin einen Vorläufer der Moderne nennen.

Walther Killy: Wandlungen des lyrischen Bildes, 2., erw. Aufl., Kleine Vandenhoeck-Reihe 22/23, Göttingen 1958, S. 44 und 50

(6) Romantik: Die in der Klassik gebannten Gegensätze, Vernunft und Sinnlichkeit, Natur und Kunst, Wirklichkeit und Poesie, beginnen in der Folgezeit auseinanderzustreben. Die Romantiker fliehen aus der Wirklichkeit in die Poesie, die Dichter des Vormärz werden sich später von der Poesie distanzieren und die Auseinandersetzung mit der geschichtlichen Wirklichkeit bevorzugen. Die Romantiker sind etwa eine Generation jünger als die Klassiker und während der Französischen Revolution noch Schüler oder Studenten. Der Distanz, welche die Klassiker ihnen gegenüber einnehmen, entspricht ihre Kritik an den Klassikern. Ihre Kunstauffassung läßt sich so charakterisieren:

- Mit ihrem Interesse für die Psyche des Menschen, in der das Gefühl die entscheidende Kraft sei, führen die Romantiker Gedanken des Sturm und Drang weiter.
- Auch die Hochschätzung der nationalen Geschichte und die Vorliebe für volkstümliche Literaturformen anstelle der Nachahmung antiker Muster teilen sie mit den ‚Stürmern und Drängern‘.
- Neu ist ihre Auffassung, daß das Lyrische die wesentlichste menschliche Ausdrucksform sei: Sehnen statt Wollen, Träumen statt Handeln, Singen statt Arbeiten.

Joseph Freiherr von Eichendorff, aus Oberschlesien, Jurist, preußischer Beamter, schrieb Gedichte und Novellen. Die wiederkehrenden Motive (Abend und Nacht, alte Schlösser, Reisen und Wandern, Liebe, Natur, Religion) sind allgemein gefaßt und wirken als „Zauberworte", die alle möglichen Assoziationen erlauben. Die gegenständliche Welt erscheint romantisch ‚entgrenzt'.

Zur Klangform vgl. Goethes ‚Nachtgesang' S. 52, zum Motiv Mörikes Gedicht ‚Das verlassene Mägdlein' S. 79.

– Damit hängt die Bevorzugung der Musik zusammen, die ein häufiges dichterisches Motiv ist und die von vielen Romantikern aktiv betrieben wird: Poesie und Musik sind dasselbe.

Mit der Dichtung glauben die Romantiker die Welt erlösen zu können. So sagt Novalis, das ist Friedrich von Hardenberg (1772–1801):

„Die Welt muß romantisiert werden. So findet man den ursprünglichen Sinn wieder. (...) Indem ich dem Gemeinen einen hohen Sinn, dem Gewöhnlichen ein geheimnisvolles Ansehn, dem Bekannten die Würde des Unbekannten, dem Endlichen einen unendlichen Schein gebe, so romantisiere ich es."

Und Joseph Freiherr von Eichendorff (1788–1857) hat die Macht der Poesie in seinem kurzen Gedicht „Schläft ein Lied in allen Dingen" beschrieben:

Schläft ein Lied in allen Dingen,
Die da träumen fort und fort,
Und die Welt hebt an zu singen,
Triffst du nur das Zauberwort.

Dieses Gedicht hat Eichendorff später selber so kommentiert:

„Die arme, gebundene Natur träumt von Erlösung und spricht im Traume in abgebrochenen, wundersamen Lauten, rührend, kindisch, erschütternd, es ist das alte, wunderbare Lied, das in allen Dingen schläft. Aber nur ein reiner, gottergebener, keuscher Sinn kennt die Zauberformel, die es weckt."

Neu ist die Akzentverschiebung, daß es nicht darum geht, die ‚Sprache der Natur', sondern ihre ‚Musik' zu verstehen und diese mit einer „Zauberformel" zur Sprache zu bringen. Deshalb zeichnet sich romantische Lyrik vor allem durch ihre Klangform, ihre Musikalität aus, auf die die Dichter höchste Sorgfalt verwandt haben, z. B. Clemens Brentano (1778–1842) in ‚Der Spinnerin Nachtlied' (1802):

Es sang vor langen Jahren
Wohl auch die Nachtigall,
Das war wohl süßer Schall,
Da wir zusammen waren.

Ich sing' und kann nicht weinen,
Und spinne so allein
Den Faden klar und rein,
So lang der Mond wird scheinen.

Als wir zusammen waren,
Da sang die Nachtigall.
Nun mahnet mich ihr Schall,
Daß du von mir gefahren.

So oft der Mond mag scheinen,
Denk ich wohl dein allein,
Mein Herz ist klar und rein,
Gott wolle uns vereinen.

Seit du von mir gefahren,
Singt stets die Nachtigall.
Ich denk' bei ihrem Schall,
Wie wir zusammen waren.

Gott wolle uns vereinen.
Hier spinn' ich so allein.
Der Mond scheint klar und rein,
Ich sing und möchte weinen.

Der gleichmäßige Bau der Strophen (jambische Dreiheber, zwei Verse mit weiblichem Reim umschließen zwei Verse mit männlichem Reim), das Gleichmaß der Assonanzen (es gibt nur ‚a' und ‚ei' als Reimvokale, in den a-Versen dominieren dunkle, in den ei-Versen hellere Vokale) geben dem Gedicht einen gleitenden, fast einschläfernden Ton. Der sprachliche Aufbau geschieht nach musikalischen Formen (Thema, Abwandlung, Wiederholung), denen das Inhaltliche untergeordnet wird: So werden z. B. drei völlig verschiedene Dinge der Welt und des Ich mit den gleichen Adjektiven verbunden:
„den Faden klar und rein" (7),
„mein Herz ist klar und rein" (15),
„der Mond scheint klar und rein" (23).

Wolfgang Frühwald: Die artistische Konstruktion des Volkstones. Zu Clemens Brentanos ‚Der Spinnerin Nachtlied', in: Wulf Segebrecht (Hg.): Gedichte und Interpretationen, Band 3, Klassik und Romantik, Reclam UB 7892, Stuttgart 1984, S. 268–279

Die Bilder, die genannten Dinge, haben keine anschauliche Bedeutung, sondern sind um der Sprachmusik willen da, wirken als Ton- und Gefühlsträger, spiegeln keine Idee. Die Sprachform hat nichts Schilderndes, ist unmittelbarer Ausdruck einer Gefühlslage, des in Gedanken dauernd wiederholten Leides. Walther Killy spricht von ‚Gemütserregungs-Kunst'.
Die kompositorische Verknüpfung der Strophen ist sehr eng, vielfältig und gleichmäßig. So werden z. B. die

Schlußverse der Strophen wieder zu Anfangsversen der jeweils übernächsten:

„Da wir zusammen waren" 4 (Schlußvers der ersten Strophe)	„Als wir zusammen waren" 9 (Anfangsvers der dritten Strophe)
„So lang der Mond wird scheinen" 8 (Schlußvers der zweiten Strophe)	„So oft der Mond mag scheinen" 13 (Anfangsvers der vierten Strophe)
„Daß du von mir gefahren" 12 (Schlußvers der dritten Strophe)	„Seit du von mir gefahren" 17 (Anfangsvers der fünften Strophe)
„Gott wolle uns vereinen" 16 (Schlußvers der vierten Strophe)	„Gott wolle uns vereinen 21 (Anfangsvers der sechsten Strophe)

Die Innenzeilen der Strophen kehren leicht variiert wieder, z. B. die jeweils dritten Verse
„Das war wohl süßer Schall" 3
„Nun mahnet mich ihr Schall" 11
„Ich denk' bei ihrem Schall" 19 und
„Den Faden klar und rein" 7
„Mein Herz ist klar und rein" 15
„Der Mond scheint klar und rein" 23

Gegenwart, Erinnerung und Wunschtraum sind ineinander verwoben, die Zeit scheint still zu stehen. Das Lied dreht sich – wie das Spinnrad – immer weiter. „Gott wolle uns vereinen" (21): Die Sehnsucht nach der verlorenen Einheit aller Dinge, so könnte man das Thema des Gedichts verallgemeinern. Doch der durch höchste poetische Raffinesse hergestellte Volksliedton scheint diese philosophische Verallgemeinerung verbieten zu wollen.

Zum Begriff des Romantischen sagt August Wilhelm von Schlegel (1767–1845): „Die Poesie der Alten war die des Besitzes, die unsrige ist die der Sehnsucht; jene steht fest auf dem Boden der Gegenwart, diese wiegt sich zwischen Erinnerung und Ahndung. „Sein Bruder Friedrich von Schlegel (1772–1829) erwiderte in einem Brief auf die Frage, was ‚romantisch' sei, er würde es nicht einmal zu definieren versuchen, weil er dafür zweitausend Seiten benötigen würde.

Fürst Metternich (1773–1859), der für die Restauration verantwortliche Politiker (der Wiener Kongreß 1815 war sein Werk), gibt dem Lebensgefühl der Epoche mit den Worten Ausdruck: „Mein geheimster Gedanke ist es, daß das alte Europa am Anfang seines Endes ist. Ich werde, entschlossen, mit ihm unterzugehen, meine Pflicht zu tun wissen. Das neue Europa ist andererseits noch im Werden, zwischen Ende und Anfang wird es ein Chaos geben."

(7) Biedermeier: In der Restaurationszeit zwischen Wiener Kongreß und Märzrevolution mit ihrer politischen Rückständigkeit (Zensur, Demagogenverfolgung) und ihrer ökonomischen Fortschrittlichkeit (Zollverein, Eisenbahn) setzten manche Dichter die klassisch-romantische Tradition in der Lyrik fort. Diese werden unter dem Namen ‚Biedermeier' zusammengefaßt, der Figur eines schwäbischen Spießbürgers, die jemand für die in München erscheinenden ‚Fliegenden Blätter' erfunden hatte. Sie nehmen in den Kämpfen der Zeit eine konservative Haltung ein und kultivieren ihren Alltag. Einen Hinweis auf ihr Lebensgefühl gibt Mörikes Gedicht ‚Gebet', das 1832, im Todesjahr Goethes, entstand:

Herr! schicke, was du willt,
ein Liebes oder Leides;
ich bin vergnügt, daß beides
aus deinen Händen quillt.

Wollest mit Freuden
und wollest mit Leiden
mich nicht überschütten!
Doch in der Mitten
liegt holdes Bescheiden.

Die erste Strophe ist in jambischen Dreihebern gehalten, wobei das „Herr" in 1 einen eigenen Ton bekommen muß (–́ –́ – –́ – –́). In der zweiten Strophe wird der Rhythmus schwingender: Zweiheber mit Daktylen (–́ – – –́ –). Paarreim und umschließender Reim sind gemischt: abba ccddc. Helle Laute (e/i/ie/ei/eu/ü) herrschen vor. Wie die Klangform, so zeigt auch die Sprachform Ruhe, Gelöstheit, Ausgeglichenheit. In der ersten Strophe geht der Ausgleich so: „Liebes – – Leides – – beides", in der zweiten mit dem Schlußwort so: „Freuden – – Leiden – – in der Mitten – – Bescheiden". Anders als sonst bei Mörike findet sich kein Bild, nur Abstrakta. Der Bitte in 1/2 folgt das Versprechen 3/4, der Bitte in 5–7 der sentenzhafte Abschluß des Gebets. Das lyrische Ich zeigt sich als ein Ich voll Bescheidenheit und Gottvertrauen, voll Einsicht in die Begrenztheit menschlicher Existenz und in seine Abhängigkeit von Gott.

(8) Vormärz: Mit dem Begriff bezeichnet man die Zeit vom Wiener Kongreß (1815) bzw. von der Julirevolution 1830 bis zur Märzrevolution 1848. Sie ist eine Epoche äußeren Friedens und innerer Ruhe, die durch repressive Maßnahmen der Fürsten bewahrt wurde. In dieser Zeit konnte sich das Bürgertum durch seine wirtschaftlichen Erfolge im Frühkapitalismus weiter emanzipieren, meldete seinen Anspruch auf politische Beteiligung an und verbreitete seine liberalen Ideen in der Presse. Diese nahm damals einen ungeheuren Aufschwung und wandelte sich aus einem lediglich berichterstattenden zu einem meinungsbildenden Medium. Im Unterschied zu den Romantikern war ein großer Teil der Dichter des

Vormärz nicht der Ansicht, daß die Poesie die Welt retten werde, sondern daß umgekehrt die Welt etwas von der Poesie zu erwarten habe:

„Jetzt gilt es die höchsten Interessen des Lebens selbst, die Revolution tritt in die Literatur."

Zu Heines Biographie vgl. S. 8.

Mit diesen Worten hat Heinrich Heine (1797–1856) das neue Selbstverständnis des Dichters formuliert. Er ist der bedeutendste Lyriker jener Gruppe von Schriftstellern des Vormärz, die unter dem Namen ‚Junges Deutschland' zusammengefaßt werden, weil ihre Werke unter dieser Bezeichnung vom Deutschen Bund 1835 verboten wurden. Zunächst erfolgt in diesem Kreis eine deutliche Distanzierung von der Romantik, wie sie Heine in dem Gedicht ‚Wahrhaftig' vornimmt:

Wenn der Frühling kommt mit dem Sonnenschein,
Dann knospen und blühen die Blümlein auf;
Wenn der Mond beginnt seinen Strahlenlauf,
Dann schwimmen die Sternlein hinterdrein;
Wenn der Sänger zwei süße Äuglein sieht,
Dann quellen ihm Lieder aus tiefem Gemüt;
Doch Lieder und Sterne und Blümelein,
Und Äuglein und Mondglanz und Sonnenschein,
Wie sehr das Zeug auch gefällt,
So macht's doch noch lang keine Welt.

Heinrich Heine, Buch der Lieder: Junge Leiden 1821

In 1–6 finden wir das aus der Romantik vertraute Bilderrepertoire: Frühling, Sonnenschein, Blümlein, Mond, Sternlein usw. Doch schon das Metrum mit seinem Wechsel von steigenden (anapästischen) und fallenden (daktylischen) Versen

– – –́ – –́ – – –́ – –́
– –́ – – –́ – – –́ – –́

entspricht nicht mehr der romantischen Sprachmusik. Es veranlaßt nicht zum träumen, sondern rüttelt auf. So ist der Leser auf die (mit „doch" hart einsetzende) Wendung vorbereitet, mit der diese Bilder (das „Zeug" 9) als Klischees gekennzeichnet werden, die nicht imstande sind, das Gedicht welthaltig (10) zu machen.
Es ist bezeichnend, daß diese Kritik an der romantischen Poesie gerade von dem Dichter vorgenommen wird, der selbst in seinem ‚Buch der Lieder' noch in romantischer Manier gedichtet hat. Seine Kritik gründet sich also auf die eigene Erfahrung, daß das romantische Lied die Welt

nicht mehr sprachlich zu erfassen erlaubt, nicht „die höchsten Interessen des Lebens selbst“ auszusagen vermag.
Während Heine zwischen ‚Poesie‘ und ‚Leben‘, den beiden Polen des Widerspruchs, hin- und hergerissen wird, entscheiden sich andere eindeutig für das ‚Leben‘, für die politische Lyrik, z. B. Georg Weerth (1821–1856) mit seinem Gedicht ‚Das Hungerlied‘:

Zur Biographie von Georg Weerth vgl. S. 99.

Verehrter Herr und König,
Weißt du die schlimme Geschicht?
Am Montag aßen wir wenig,
Und am Dienstag aßen wir nicht.

Und am Mittwoch mußten wir darben,
Und am Donnerstag litten wir Not;
Und ach, am Freitag starben
Wir fast den Hungertod!

Drum laß am Samstag backen
Das Brot, fein säuberlich –
Sonst werden wir sonntags packen
Und fressen, o König, dich!

Walter Hinderer (Hg.): Geschichte der politischen Lyrik in Deutschland, Stuttgart: Reclam 1978

Der Ton des politischen Gedichts ist schärfer geworden. Während G. A. Bürger in seinem Rollengedicht ‚Der Bauer an seinen durchlauchtigen Tyrannen‘ (s. o. S. 119) 1773 sich noch damit begnügt, das Gottesgnadentum der Regierenden in Frage zu stellen, droht Weerth um 1845 offen mit der Revolution als Konsequenz des Elends der Massen. Seine Nähe zu Marx, an dessen ‚Neuer Rheinischer Zeitung‘ er das Feuilleton leitete, ist spürbar.
Die ästhetischen Absichten sind deutlich den politischen untergeordnet. Das Gedicht soll nicht ‚schön‘ sein, es soll vielmehr der ‚Bewußtseinsbildung‘ dienen. Die Reihe der Wochentage mit der Steigerung vom Wenigessen (3) bis zum ‚Hungertod‘ (8) symbolisiert die marxistische ‚Verelendungstheorie‘, nach der die Klassenunterschiede allmählich so groß werden, daß die Herrschenden entweder die Güter gerecht verteilen müssen (‚Samstag‘ 9) oder aber von den Massen vernichtet werden (‚sonntags‘ 11). Die Anapher von ‚und‘ in 4 bis 7 (Polysyndeton) verdeutlicht, daß es sich um einen Verelendungsprozeß handelt, das „drum“ (9) betont, daß dieser Konsequenzen haben wird, das „sonst“ (11) zeigt die Alternative dazu. Die nochmalige Anrede „o König“ (12) bezieht sich auf den ersten Vers zurück und verbindet die drei Strophen zu

einem Ganzen: Die bewußt einfach gewählte Sprachform wird sehr gezielt eingesetzt, um eine agitatorische Wirkung zu erreichen. Mit ihrer Vernachlässigung der Form wollen sich die Vormärzdichter auch von der Autorität Goethes freimachen, dem sie vorwerfen, daß er sich mit seiner künstlerischen Arbeit zu sehr von der Alltagswirklichkeit entferne, daß seine Werke durch Kälte und formale Glätte ausgezeichnet wären und daß er ein Fürstendiener sei.

Die unpoetische Alltagswirklichkeit findet in dieser Zeit noch in einer anderen neuen Thematik Eingang ins Gedicht.

Der Weltbürger Heine hat in Paris das moderne Leben in der Großstadt erfahren und dafür eine lyrische Sprache gefunden, für die es Vergleichbares erst in unserem Jahrhundert gibt (Erich Kästner, Joachim Ringelnatz u. a.):

Ja freilich, du bist mein Ideal,
Habs dir ja oft bekräftigt
Mit Küssen und Eiden sonder Zahl;
Doch heute bin ich beschäftigt.

Komm morgen zwischen zwei und drei,
Dann sollen neue Flammen
Bewähren meine Schwärmerei;
Wir essen nachher zusammen.

Wenn ich Billete bekommen kann,
Bin ich sogar kapabel,
Dich in die Oper zu führen alsdann:
Man gibt Robert-le-Diable.

Es ist ein großes Zauberstück
Voll Teufelslust und Liebe;
Von Meyerbeer ist die Musik,
Der schlechte Text von Scribe.

Neue Gedichte: Verschiedene 1844

Vgl. die Liebesgedichte von Liliencron S. 28, Karin Kiwus S. 68, Opitz S. 108 f., und Goethe S. 120 f.

Es ist eine andere Welt als die Liebe der klassisch-romantischen Lyrik mit ihren tiefen Gefühlen und dem Aufgehen in der Natur. Wir erfahren von einer oberflächlichen Beziehung, die in den Tageslauf eingeplant ist (4, 5) und sich an städtischen Orten (Restaurant, Theater) abspielt. Liebesbeteuerungen sind als Klischees gekennzeichnet (1–3, 6/7). Die Verabredung ist unverbindlich (9–11). Mit der gleichen ironischen Distanz wie die Liebesbeziehung wird auch die Oper behandelt (12–16).

(9) Realismus: Mit der gescheiterten Revolution 1848 ergibt sich ein Einschnitt in der Geschichte der deutschen Lyrik. Er hat mehrere Aspekte:

- In politischer Hinsicht werden die bestehenden Verhältnisse akzeptiert. Der Lyriker will ‚über' ihnen stehen, wie es Emanuel Geibel (1815–1884) in seinem Gedicht ‚An Georg Herwegh' als Selbstbekenntnis ausdrückt:

  Ich sing' um keines Königs Gunst,
  Es herrscht kein Fürst, wo ich geboren;
  Ein freier Priester freier Kunst
  Hab' ich der Wahrheit nur geschworen.

- Zum ersten Mal in der Literaturgeschichte wird Lyrik zur Massenware. Technische Neuerungen (Rotationsdruck, Papiermaschine, Maschinensatz) erlauben Verbreitung der Presse (Vormärzlyrik wurde vornehmlich in Zeitungen publiziert) und Steigerung der Buchproduktion. Dem entspricht ein steigendes Lesebedürfnis im Bürgertum, das jedoch die traditionelle Lyrik bevorzugt (‚Goldschnittpoesie').
- Während die Vormärzdichter wegen ihrer politischen und sozialkritischen Gedichte verfolgt wurden, genießen die Dichter, welche die literarische Tradition fortsetzen, gesellschaftliche Anerkennung. Die tieferen Gründe dafür liegen sicher darin, daß diese Dichter durch ihre Texte im Leser „hohe Freudigkeit der Seele" und „Mut für alle Zukunft" bewirken, ihn aber nicht zwingen, „der Welt . . . standzuhalten", d. h. sich mit seiner zeitgenössischen Wirklichkeit auseinanderzusetzen.

Geibel war mit seinen Gedichten, mit denen er dem klassischen Vorbild Goethes nachstrebte, doch ohne neue Ideen zum Ausdruck zu bringen, der erfolgreichste Lyriker: Seine Gedichte, die 1840 erschienen, erreichten 1884 die 100. Auflage. Georg Herwegh (1817–1875) war wegen seines Eintretens für die Verfassung aus Preußen ausgewiesen worden, traf in Paris mit Marx zusammen und leitete dort 1848 das ‚Republikanische Komitee der Deutschen.'

Geibels Bekenntnis erinnert an das Selbstverständnis vieler moderner Wissenschaftler, die eine politische Verantwortung mit dem Argument ablehnen, daß sie in der Forschung frei und nur der Wahrheit verpflichtet seien.

Zitate aus Hebbels Tagebüchern zum Uhland-Gedicht, vgl. S. 8f.

Max Frisch wünscht sich im ‚Tagebuch' Gedichte, die der Welt standhalten können: vgl. S. 9.

Diese Bedingungen des ‚bürgerlichen Realismus' sind entscheidend für die Herausbildung jener Vorstellung von Lyrik, mit der bis heute jedes Gedicht am Maßstab des klassisch-romantischen, ‚subjektiven' Erlebnisgedichts gemessen wird. Was unter diesen Bedingungen an guter und bleibender Lyrik entstehen konnte, belegen unsere Beispiele von C. F. Meyer (S. 33f. und S. 69) und Theodor Storm (S. 46). Wenn wir aber danach fragen, welche Erscheinungen in der Lyrik der Realismusepoche über diese hinweisen, so müssen wir auf die Gedichte verweisen, die Friedrich Nietzsche (1844–1900) seinen philosophischen Essays und Aphorismenbüchern beigegeben hat, und auf die Altersgedichte von Theodor Fontane

Zur normativen Wirkung des klassisch-romantischen Naturgedichts vgl. das 1. Kapitel

Theodor Fontane (1819–1898), Apotheker in Berlin, später Journalist (Kriegsberichterstatter, Theaterkritiker), seit etwa 1870 Romane und Gedichte (Balladen).

(1819–1898). Im Gedicht vom ‚Geheimnisvollen Nachen', das wir auf S. 70 behandelt haben, ging Nietzsche zwar von einem überlieferten Bild für den Tod aus, entwickelte es aber zur Chiffre für etwas anderes, das den persönlichen Tod an Bedeutung übersteigt:

Eine Stunde, leicht auch zwei,
Oder wars ein Jahr? – da sanken
Plötzlich mir Sinn und Gedanken
In ein ewges Einerlei,
Und ein Abgrund ohne Schranken
Tat sich auf: – da wars vorbei!

Das „ewge Einerlei" (16) in dem Gedicht entspricht dem Gedanken der „ewigen Wiederkehr", die in Nietzsches Philosophie das höchste Symbol des Nihilismus ist. Das Leben mit seinem Schaffen und Zerstören hat danach weder Zweck noch Ziel, es ist ‚nihilistisch'. Alles, was je gewesen ist, kommt wieder. (Vgl. Wilhelm Weischedel: Die philosophische Hintertreppe, dtv 1119, München: Deutscher Taschenbuch Verlag 1975, S. 256–264)

Parodie (griech.): ‚Singen gegen die musikalische Form' oder – wie wir sagen würden – „gegen den Strich" (wenn man z. B. Verse als Prosa liest oder umgekehrt das Metrum übertreibt).

Wir können aufgrund unserer Kenntnis über Nietzsches Verhältnis zu Schopenhauer vermuten, daß hier das ‚lyrische Ich' für einen Augenblick das zeitlose ‚Nirwana' erlebt, das dieser hinter den Erscheinungen annimmt. Im Vorwort zur ‚Fröhlichen Wissenschaft' (1882), der das Gedicht beigegeben ist, erfahren wir, daß der Verfasser von einer schweren Krankheit genesen ist, das Gedicht also auf ein persönliches Erlebnis zurückgeht. Wir lesen aber auch, daß Nietzsche sich mit den Gedichten als „Dichter auf eine schwer verzeihliche Weise über alle Dichter lustig" machen will. D. h. die Verwendung des überlieferten Bildes vom „geheimnisvollen Nachen" ist als Parodie gemeint. Diese Mischung von Erlebnisgrundlage, parodistischer Verwendung traditioneller Lyrikelemente und Chiffre, die den Leser auf das Ungesagte verweist, ist auch für einen Teil der modernen Lyrik bezeichnend.
Fontanes Altersgedichte nehmen dagegen die ‚Alltagslyrik' vorweg. Sie zeichnen sich durch einen deutlich sozialkritischen Akzent und durch eine Behandlung der Verssprache aus, wie wir sie erst wieder bei Autoren wie Erich Kästner finden. Ein Beispiel:

Auf dem Matthäikirchhof (1889)

Alltags mit den Offiziellen
Weiß ich mich immer gut zu stellen,
Aber feiertags was Fremdes sie haben,
Besonders wenn sie einen begraben,
Dann treten sie (darüber ist kaum zu streiten)
Mit einem Mal in die Feierlichkeiten.

Man ist nicht Null, nicht gerade Luft,
Aber es gähnt doch eine Kluft,

Und das ist die Kunst, die Meisterschaft eben,
Dieser Kluft das rechte Maß zu geben.
Nicht zu breit und nicht zu schmal,
Sich flüchtig begegnen, ein-, zwei-, dreimal.

Und verbietet sich solch Vorüberschieben,
Dann ist der Gesprächsgang vorgeschrieben:
„Anheimelnder Kirchhof... beinah ein Garten...
Der Prediger läßt heute lange warten..."
Oder: „Der Tote, hat er Erben?
Es ist erstaunlich, wie viele jetzt sterben."

Jambische Vierheber, auch zwei Verse mit drei Hebungen darunter, die Zahl der Senkungen wechselt, Paarreim konsequent durchgeführt: Das gibt genug Abstand von der Alltagsprosa, um die konventionellen Umgangsformen in ironische Distanz zu rücken. Auch die Wahl der Gelegenheit ist überlegt: „Alltags" (1) fällt es einem gar nicht so recht auf, doch auf dem Kirchhof, „wenn sie einen begraben" (4), wirkt das Verhalten der „Offiziellen" (1) mit ihrem Bedacht auf sozialen Abstand (7–12) „fremd" (3). Der ‚vorgeschriebene Gesprächsgang' (14) dient dessen Einhaltung. In der Spannung zur lyrischen Form wird die Banalität des Verhaltens erst deutlich. Auch der Schauplatz, an dem einer dieser „Offiziellen" nun, da man ihn begräbt, keine Sorgen mehr mit diesen Vorschriften hat, dient der Kontrastgebung. Mit diesem Beispiel wird ein Teil der modernen Lyrik vorgeprägt, der in Spannung zu dem von Nietzsche repräsentierten, seine Aussage in Chiffren verbergenden Gedichttyp steht. Man hat dafür in der Bundesrepublik Deutschland Ende der 60er Jahre den Begriff ‚Alltagslyrik' geprägt. Es ist keine Bilderlyrik, sondern Abbildung der Realität, die durch die Perspektive, in der sie im Gedicht erscheint, und durch die sprachliche Akzentsetzung in ihrer Auffälligkeit und Fraglichkeit sichtbar wird.

Ein Beispiel für moderne Alltagslyrik s. o. S. 75.

(10) Moderne: Der Beginn einer ‚Moderne' in der Lyrikgeschichte wird im allgemeinen mit der Bewußtseinskrise in Verbindung gebracht, in der dem Dichter die Problematik der Poesie in einer prosaischen Zeit klar wird, was soviel wie einen Verlust der lyrischen Sprache bedeutet. Wieso? ‚Prosaisch', d.h. poesiefeindlich, ist die Zeit, weil
- sie durch technische Mechanisierung der menschlichen Tätigkeiten gekennzeichnet ist, die den Zusammenhang mit der Natur unterbricht,

Während man in der Literaturgeschichte bis in die Nähe der Jahrhundertwende weitgehend geschlossene Epochen unterscheiden kann, ist das für die Moderne nicht mehr möglich. Die Literatur erweist sich nun strukturell als zu uneinheitlich, weil eine Vielzahl von Strömungen und Experimenten nebeneinander her und gegeneinander laufen. Die Literatur ist ‚pluralistisch' geworden.

– in ihr die positivistische Wissenschaft maßgebend ist, die keinen Sinnzusammenhang des Wissens mehr zuläßt,
– sie die Menschen in entfremdete, allein von ökonomischen Interessen bestimmte Verhältnisse zwingt, wodurch die urtümlichen menschlichen Beziehungen verloren gehen, usw.

Eine durch menschlichen Eingriff nicht versehrte Natur, ein von der Kultur dargebotener Sinnzusammenhang und Lebensverhältnisse mit stabilen menschlichen Beziehungen sind nämlich die Voraussetzung für den Dichter, „sich im Äußeren wiederzufinden, sich metaphorisch widerzuspiegeln", kurz: Sprache und Wirklichkeit zur Deckung zu bringen. Wer in der Großstadt lebt, kann mit Naturbildern nichts anfangen, für wen die Welt in einzelne Forschungsfelder zerfällt, kann die überlieferten mythischen Metaphern nicht verstehen, wer keinen festen sozialen Ort hat, kann die Leitfiguren der Überlieferung für Liebe, Hingabe, Freundschaft nicht mit Bedeutung verbinden. In welcher Sprache also soll der Lyriker zu diesen Menschen sprechen? Das ist gemeint, wenn man davon spricht, daß „der Gültigkeitsverlust der Metapher" das Kennzeichen der Moderne sei.
Es gibt in der modernen Lyrik unterschiedliche Versuche, mit dem Problem fertig zu werden, daß die überlieferten Ausdrucksmittel nicht mehr auf die Wirklichkeit passen, und eine neue lyrische Sprache zu finden. Ein erster Schritt auf diesem Wege ist das Bemühen, das alltagssprachlich vermittelte Oberflächenbild einer zusammenhängenden Realität zu durchstoßen, um der Wirklichkeit unmittelbar zu begegnen. Wie so etwas aussieht, läßt sich an einem Gedicht des Expressionismus sehen. Es knüpft mit seinem Titel ‚Dämmerung' an ein traditionelles Lieblingsthema der Lyrik an. Sein Autor ist Alfred Lichtenstein (1889–1914):

Lichtenstein, Fabrikantensohn, Jurastudium, Promotion, Skizzen und Gedichte in expressionistischen Zeitschriften (‚Sturm', ‚Aktion'); fiel 25jährig in Frankreich.

Ein dicker Junge spielt mit einem Teich.
Der Wind hat sich in einem Baum gefangen.
Der Himmel sieht verbummelt aus und bleich,
Als wäre ihm die Schminke ausgegangen.

Auf lange Krücken schief herabgebückt
Und schwatzend kriechen auf dem Feld zwei Lahme.
Ein blonder Dichter wird vielleicht verrückt.
Ein Pferdchen stolpert über eine Dame.

An einem Fenster klebt ein fetter Mann.
Ein Jüngling will ein weiches Weib besuchen.
Ein grauer Clown zieht sich die Stiefel an.
Ein Kinderwagen schreit und Hunde fluchen.

Die Lesererwartung ist durch die ebenmäßig gebaute Form (drei Strophen mit je vier jambischen Fünfhebern, durch Kreuzreim abab verbunden und Wechsel von männlicher und weiblicher Kadenz gegliedert) und das herkömmliche Lyrikmotiv der Dämmerung bestimmt. Sie wird jedoch durch die Aneinanderreihung von Momentaufnahmen enttäuscht, die in keinem Zusammenhang miteinander stehen (Zeilenstil). Es entsteht der Eindruck des Grotesken, doch ist der Text ernst gemeint. In einem Kommentar erläutert der Autor seine Absicht, den Leser durch die Verfremdung sehen zu lehren.

Zum Motiv ‚Dämmerung' vgl. die Gedichte auf S. 8f., 15, 36, 124

Es geht um die vom Wissen unabhängige, unreflektierte Wahrnehmung: Wir wissen zwar, daß das Baby schreit, nehmen aber nur den Kinderwagen und das Schreien wahr (12); wir wissen, daß der Mann am Fenster steht, es sieht aber so aus, als klebe er dort (9).

Durch minimale Umdeutungen erreicht der Dichter, daß dem Leser die gewohnte Wirklichkeit verfremdet wird, zeigt ihm, wie zerbrechlich die Beziehung zwischen Sprache und Wirklichkeit ist.

So ersetzt er z.B. in 1 das vom Leser erwartete „an" durch „mit", in 9 das erwartete „steht" durch „klebt". In 7 setzt er an die Stelle einer beschreibenden Äußerung (etwa: „Ein Dichter sieht starr vor sich hin") eine Vermutung („wird vielleicht . . ."). In 3 steht neben dem visuell zutreffenden Eindruck „bleich" das nur auf Menschen passende „verbummelt".

Überall also, wo der erwartete Ausdruck die Vorstellung von einer geordneten und überschaubaren Welt erzeugen würde, erfolgt durch kleine Umdeutungen eine Verfremdung, die den Leser verunsichert und ihn an dem Vorhandensein einer solchen Welt zweifeln läßt. Die Bilder entziehen sich einer genauen Benennung und bringen eine Offenheit der Bedeutungen hervor, die eine Festlegung der lyrischen Aussage verbietet.

Der nächste Schritt des Auflösungsprozesses, wo zum Zeilenstil die Häufung der Bilder und ihre Isolierung voneinander dazukommt, ist an dem folgenden Gedicht von Hans Arp zu sehen:

Hans Arp, (1887–1968) aus Straßburg, Bildhauer, Maler, Dichter, gehörte zu den Mitbegründern des ‚Dadaismus', lebte später in Frankreich; seine Gedichte nannte er „Wortträume", vom Einfall diktierte Sprachsequenzen und Bildassoziationen aus Natur, Mythos, Märchen.

Ein Tag fällt vom Lichtbaum ab.
Große Flügel werden dunkler und dunkler.
Nun bauen die Träume
eifrig an einem Blumenstern.
Eine singende Rose
schlüpft aus einem mondenen Ei.

Abendgedichte S. 15, 36, 54, 69 f., 124

Das Gedicht von Heine s. o. S. 130

Wieder wird man an ein traditionelles Lyrikmotiv erinnert: Es handelt sich um ein ‚Abendgedicht‘. Die zugehörigen Bilder sind da: Dämmerung (2), Mond (6), Stern (4), Träume (3), Blumen (4/5). Es sind Bilder aus dem romantischen Repertoire, von dem schon Heine gesagt hat, daß es „noch lange keine Welt“ ausmache. Diese Assoziationen kommen jedoch nur zustande, weil der Leser aufgrund seiner traditionsbestimmten Erwartung die Bilder anders miteinander verbindet, als sie im Gedicht auftreten:
„Große Flügel“ und „-baum“ ergeben ‚Baumkronen‘ –
„Licht-“, „-stern“, „mond-“ und der Ausdruck „dunkler und dunkler“ ergeben ‚Dämmerung‘ –
Auch die „Träume“ werden mit dieser Vorstellung verbunden.
Der Leser assoziiert weiter: Das ‚Abfallen vom Baum‘ (1) läßt an ‚Herbst‘ denken, während das „nun“ (3), ebenfalls das ‚Ausschlüpfen‘ der Rose aus dem Ei, dem Symbol neuen Lebens, das da im Mondlicht liegt (6), auf eine Wende hinweist. Aber all diese Bildelemente sind so über das ganze Gedicht verstreut, daß durch sie kein Gesamtbild entsteht, welches diese Assoziationen sinnvoll macht. Das Gedicht verschließt sich der Deutung, es ist ‚hermetisch‘. Das Verfahren der Bildmontage, das hier vorliegt, ist sozusagen das Gegenteil von Goethes Symbolverfahren, in dem „die Erscheinung in Idee, die Idee in ein Bild“ verwandelt wird und damit „das Besondere das Allgemeine repräsentiert“.

Zu Goethes Symbolverfahren vgl. S. 82 ff.

Die letzte Stufe der Auflösung wäre dann der Verzicht auf Sprache überhaupt, wie z. B. in dem ‚Gedicht‘ von Hugo Ball (1886–1927), dessen einziges sprachliches Element in der Überschrift enthalten ist:

Vgl. die Lautgedichte von Ernst Jandl auf S. 13 und 100

Wolken

elomen elomen lefitalominal
wolminuscaio
baumbala bunga
acycam glastula feirofim flinsi ...

Soweit drei typische Erscheinungen des Expressionismus. Doch gibt es nicht nur den Weg der Auflösung von überlieferten Lyrikmustern und der Reduktion von Sprache auf den bloßen Laut. Es gibt auch den umgekehrten Versuch, aus Sprache allein eine eigene Welt aufzubauen, wenn schon die Sprache nicht zur gemeinsamen Welt hinfindet. In der späteren hermetischen Lyrik hat der Dichter die Zuversicht gewonnen, im Gedicht so etwas wie Sinn und Zusammenhang der Dinge wenigstens für einen Augenblick schaffen zu können. Mit Hilfe einer ‚Chiffren-Sprache' spannt Ingeborg Bachmann (1926–1973) in ihrer ‚Anrufung des Großen Bären' (1956) Gegensätzliches zu einer Sinnaussage zusammen, die nicht mehr eines konkreten Gegenstandsbezuges bedarf, um verstanden zu werden:

Vom Lautgedicht ist das visuelle ‚konkrete' Gedicht zu unterscheiden: S. 145

‚Hermetisch', von Hermes Trismegistos abgeleitet, dem griechischen Namen des ägyptischen Gottes der Schrift und der Gelehrsamkeit Thot, von dem man annahm, er könne zaubern, z. B. Schätze und Gefäße unzugänglich machen (‚hermetischer Verschluß').

Großer Bär, komm herab, zottige Nacht,
Wolkenpelztier mit den alten Augen,
Sternenaugen,
durch das Dickicht brechen schimmernd
deine Pfoten mit den Krallen,
Sternenkrallen,
wachsam halten wir die Herden,
doch gebannt von dir, und mißtrauen
deinen müden Flanken mit den scharfen
halbentblößten Zähnen,
alter Bär.

Ein Zapfen: eure Welt.
Ihr: die Schuppen dran.
Ich treib sie, roll sie
von den Tannen im Anfang
zu den Tannen am Ende,
schnaub sie an, prüf sie im Maul
und pack sie mit den Tatzen.

Fürchtet euch oder fürchtet euch nicht!
Zahlt in den Klingelbeutel und gebt
dem blinden Mann ein gutes Wort,
daß er den Bären an der Leine hält.
Und würzt die Lämmer gut.

's könnt sein, daß dieser Bär
sich losreißt, nicht mehr droht
und alle Zapfen jagt, die von den Tannen
gefallen sind, den großen geflügelten,
die aus dem Paradiese stürzten.

Das Bild des Bären weist sowohl auf ein irdisches Tier, einen Waldbären, wie auf ein außerirdisches Wesen, ein „Wolkenpelztier“ (2), eine „zottige Nacht“ (1), ein Tier mit „Sternenaugen“ (3) und „Sternenkrallen“ (6), also das Sternbild des Großen Bären, noch mehr, auf ein Wesen, das Gewalt über das Irdische hat (4/5, 8, 14–18, 24–26). Wiederum kann das Tier zu einem Tanzbären werden, den ein blinder Mann „an der Leine hält“ (22). Mit diesem Bild ist das Bild des Waldes verschlungen, durch den der Bär ‚schimmernd bricht‘ (4), hierarchisch gegliedert in die Tannen (15, 16, 26), die Zapfen (12, 26), welche Welten darstellen (12), und deren Schuppen, mit denen die Menschen gemeint sind (13). In diesem Bildgefüge sind unendliche Dimensionen in Zeit (15/16 „im Anfang“/„am Ende“) und Raum (16–28 „alle Zapfen“) umspannt. Spätestens die Anspielung auf die gefallenen Engel, „die aus dem Paradiese stürzten“ (28: Das einzige Präteritum neben den Präsensformen und Imperativen), veranlaßt den Leser dazu, das Gedicht in einen kosmologischen, heilsgeschichtlichen Bezugsrahmen zu stellen, um es zu verstehen.

Eine Interpretation findet man bei Matrin Behrendt: Lyrik im Unterricht, München: Urban & Schwarzenberg 1981, S. 99–106

Von hier aus erschließt sich nun auch die inhaltliche Struktur des Gedichts:

1. Die Anrufung (1–11): Die Bitte „komm herab“ steht im Widerspruch zum Mißtrauen (8). Der Sinn der Anrufung bleibt in der Schwebe.
2. Die Antwort des ‚Großen Bären‘ (12–18): Im Wechsel der Perspektive gewinnt das Bild vom Bären eine endzeitliche Bedeutung.
3. Ansprache des lyrischen Ich (19–28): Im abermaligen Wechsel der Perspektive wird das numinose Bild in die irdische Wirklichkeit hereingeholt.
   - Aufforderung (19–23): Versuche, das drohende Geschehen aufzuhalten oder zu wenden
   - Vision (24–28): Die Bedrohung alles Seienden durch den sich losreißenden Bären wird mit dem Fall aus dem Paradies verbunden.

So muß der Leser die Aussagen über die Endzeitsituation aus dem Bildgefüge des ‚lyrischen Paradox‘ im Leseakt selbst herausholen.

Welche Arbeitsschritte im einzelnen nötig sein können, um ein hermetisches Gedicht zu erschließen, soll an einem Beispiel von Paul Celan (1920–1970) vorgeführt werden. Man kann dabei zugleich erfahren, aus welchen komplexen Lebenszusammenhängen Gedichte entstehen können:

Schibboleth

Mitsamt meinen Steinen,
den großgeweinten
hinter den Gittern,

schleiften sie mich
in die Mitte des Marktes,
dorthin,
wo die Fahne sich aufrollt, der ich
keinerlei Eid schwor.

Flöte,
Doppelflöte der Nacht:
denke der dunklen
Zwillingsröte
in Wien und Madrid.

Setz deine Fahne auf Halbmast,
Erinnrung.
Auf Halbmast
für heute und immer.

Herz:
gib dich auch hier zu erkennen,
hier, in der Mitte des Marktes.
Ruf's, das Schibboleth, hinaus
in die Fremde der Heimat:
Februar. No pasaran

Einhorn:
du weißt um die Steine,
du weißt um die Wasser,
komm,
ich führ dich hinweg
zu den Stimmen
von Estremadura.

Beim lauten Lesen empfindet man die genau komponierte Klanggestalt. Obwohl ein einheitliches Versmaß fehlt und kein Reimschema zu entdecken ist, gibt es rhythmische Muster und lautliche Entsprechungen:

– –́ – – –́ –

– –́   – –́ –

–́ – – –́ – usw.

Steigende und fallende Rhythmen wechseln ab. Klangbeziehungen werden deutlich (Reim: „mich" 4/„ich" 7; Alliteration: „Doppelflöte ... denke der dunklen ..." 10/11).

Die Gliederung ist klar: In 1 bis 8 spricht das ‚Ich' von sich selbst. Dann kommen vier Anrufe:
„Flöte ... denke ..." (9–13),
„Setz ... Erinnrung ..." (14–17),
„Herz ... gib dich ... ruf's ..." (18–23) und
„Einhorn ... komm" (24–27).

Zum Schluß spricht das ‚Ich' den Adressaten „dich" an (28–30) – wer immer das ist.
Was der Titel bedeutet, kann man im ‚Großen Brockhaus' nachschlagen:

Schibboleth [hebr. ‚Ähre'], nach Ri. 12, 5f. das Wort, an dessen abweichender Aussprache (Sibboleth) die Gileaditer die feindlichen Ephraimiter erkannten; Ü Erkennungszeichen, Losungswort.

Wir fragen: Erkennungszeichen wofür? und für wen? Im Gedicht lautet es: „Februar. No pasaran" (23). Das ist Spanisch und heißt: „Sie werden nicht durchkommen." Zusammen mit der Zeitangabe ist das ein historischer Hinweis. Zwei weitere Ortsangaben (13 und 30) weisen ebenfalls auf Spanien. Und wenn die „Erinnerung" (15) aufgefordert wird, die „Fahne auf Halbmast" zu setzen „für heute und immer", so bedeutet dies, daß auf ein geschichtliches Ereignis hingewiesen wird, welches Anlaß zu dauernder Trauer sein soll.
Die Bilderreihe beginnt schon mit dem Trauermotiv: Das ‚lyrische Ich' befindet sich „hinter ... Gittern" und ‚weint' ‚große' Tränen (1–3), doch wird es „in die Mitte des Marktes" (5) geschleift, wo eine Fahne zu wehen beginnt, zu der das ‚Ich' nicht gehört (4–8). Wenn man weiß, daß Paul Celan Jude war und die Judenverfolgung sein lyrisches Hauptthema, kann man diese Entgegensetzung so verstehen, daß das ‚Ich' aus seinem Ghetto geholt und sein Judentum öffentlich stigmatisiert wurde. Damit wäre der historische Hinweis zeitlich einzugrenzen: Gemeint ist die Zeit der Naziherrschaft und in ihr der spanische Bürgerkrieg.
Was ist denn nun die „Doppelflöte der Nacht" (10)? Man muß ‚Vokabeln nachschlagen' wie beim Übersetzen eines fremdsprachigen Textes. Neben der Lyra, von der unsere Gattung den Namen hat, wurde im antiken Hellas auch die Doppelflöte (‚Aulos') zur Begleitung des Gedichtvortrags eingesetzt. Wir haben also ein Bild für die Poesie vor uns. Sie soll der „dunklen Zwillingsröte in Wien und Madrid" (11–13) gedenken. Es ist nicht zu vergessen, daß Celan aus Czernowitz stammte, das seit 1774 zur Donau-

Zu Lyra vgl. S. 11

monarchie gehörte. Wie passen Wien und Madrid also zusammen? Am 13. 3. 1938 marschierten deutsche Truppen in Wien ein, am 28. 3. 1939 eroberten die Faschisten Madrid. Wieso aber weist das Gedicht auf den „Februar" hin und auf die Parole „Sie werden nicht durchkommen" (23), den Kampfruf der Republikaner? Man muß also auch noch den ‚Großen Ploetz' bemühen. Da findet man z. B., daß im Februar 1938 der österreichische Bundeskanzler bei Hitler war und ihm die Regierungsbeteiligung der Nazis zusagen mußte und daß im Februar 1939 das Francoregime von England und Frankreich anerkannt wurde. Aber das ‚no pasarán' deutet auf eine Phase, als noch eine Chance bestand, der Faschisten Herr zu werden. Vielleicht sind also die Kämpfe der republikanischen Partei in Wien im Februar 1934 und der Wahlsieg der Volksfront in Madrid im Februar 1936 gemeint.

Der Große Ploetz. Auszug aus der Geschichte, 29., völlig neu bearbeitete Auflage, Würzburg 1980

Was soll nun aber die Anrede an das „Einhorn" (24)? Wir schauen wieder im ‚Großen Brockhaus' nach:

Einhorn, 1) ein → Fabeltier in Pferdegestalt mit geradem, spitzem Horn auf der Stirn. Im A.T. erwähnt, war es in frühchristl. Zeit ein Sinnbild für gewaltige Kraft und wurde auf Christus bezogen; im MA. bes. durch den → Physiologus bekannt und als Symbol der Keuschheit Maria zugeordnet, da es seine Wildheit verliere, wenn es sein Haupt einer Jungfrau in den Schoß lege (Bild französische Kunst). In der Heraldik wird das E. häufig aufrecht (‚springend') dargestellt.

Das Bild will nicht in den Kontext passen, in dem das ‚lyrische Ich' dreimal zu sich selbst spricht („Flöte" 9, „Erinnrung" 15, „Herz" 18). Wieso ‚weiß' das Einhorn um dessen Tränen (25/26)? Warum will das ‚Ich' es nach Spanien führen (27–30)? Dieser exegetische Rest läßt sich nur mit Hilfe eines Kommentars auflösen, in dem etwas über Celans Jugendfreund Erich Einhorn (1920–1974) aus Czernowitz mitgeteilt wird. Celan und Einhorn, beide Antifaschisten, waren in den fraglichen 30er Jahren zweimal längere Zeit zusammen und an den Vorgängen in Österreich und Spanien brennend interessiert. Die Wiederholung des Bildes von der „Mitte des Marktes" (20), in der sich das „Herz . . . zu erkennen" geben soll (18/19), kann eine Anspielung darauf enthalten, daß Celan Spenden für die ‚Rote Hilfe' zur Unterstützung der spanischen Republikaner gesammelt hat. Das Versprechen, Einhorn „zu den Stimmen von Estremadura" zu führen (27–30), kann sich auf spanische Folkloreveranstaltungen beziehen, die beide in Frankreich, wo Einhorn Celan besuchte, gehört haben.

Hans Dieter Schäfer: Zusammenhänge der deutschen Gegenwartslyrik, in: Lothar Jordan u. a. (Hg.): Lyrik – von allen Seiten, Collection Fischer 2320, Frankfurt am Main 1981, S. 29ff.

Wir haben hier also den Grenzfall des ‚Hermetismus', in dem das Gedicht eigentlich nur einen einzigen Adressaten hat, der die Rezeptionsvorgaben mit den vom Autor identierten Konnotationen zu besetzen vermag.

‚Lakonismus', von Lakonien abgeleitet, der Landschaft in der Peloponnes, wo die Spartaner zuhause waren, die wegen ihrer Wortkargheit in der griechischen Antike berühmt waren.

Zu Piontek s. o. S. 25

Schließlich ist noch ein Versuch zu nennen, zu einer der heutigen Bewußtseinslage angemessenen Lyriksprache zu kommen, der ‚Lakonismus', d.h. die äußerste Verknappung des sprachlichen Materials, das zu einer lyrischen Aussage verwandt wird. Hier ein Beispiel von Heinz Piontek (geb. 1925):

Um 1800
Zierlich der Kratzfuß
der Landeskinder,

während wer fürstlich
aufstampft.

Gedichtzeilen.
Stockschläge.

Viele träumen,
daß man sie verkauft.

Die Tinte leuchtet.

Deutschlands
klassische Zeit.

In einer auffällig knappen Sprache (23 Wörter in 11 Zeilen) macht das Gedicht den Widerspruch zwischen der Literatur der deutschen Klassik und dem gleichzeitigen Elend der gesellschaftlichen Verhältnisse deutlich. Nicht die Dichtung ist deshalb der Ausgangspunkt des Gedichts, also das, woran sich der Gebildete fast ausschließlich erinnert, wenn von dieser Zeit die Rede ist, sondern es setzt mit dem Verhältnis zwischen Untertan (kratzfüßige Verbeugung 1) und Herrscher (fürstliche Machtgeste 3f.) ein, jenem Verhältnis, das die Möglichkeit einschließt, als Landeskind in die Fremde verkauft zu werden (8). In der Mitte des Gedichts sind die deutsche Klassik und die politische Unfreiheit, die zu ihr gehört, in nur zwei Wörtern hart gegeneinander gesetzt:
Gedichtzeilen.
Stockschläge.
Natürlich kann man nicht die Stockschläge gegen die Gedichtzeilen aufrechnen. Weder setzen jene den Wert der Gedichte herab, noch sind diese eine Entschuldigung

für das politische Elend, in dem sie entstanden sind. Es kommt nur darauf an, die Gleichzeitigkeit beider nicht zu vergessen, wenn man sich mit „Deutschlands klassische(r) Zeit“ beschäftigt.
Ganz deutlich sticht dieser spröde lyrische Ton von der Musikalität des traditionellen klassisch-romantischen Gedichts und seiner Nachfahren im 19. und 20. Jahrhundert ab. Er scheint einer Allergie gegenüber großen Worten zu entstammen und alles zu vermeiden, was die Dichterrede von der Alltagssprache auffällig unterscheiden würde. Karl Krolow hat deshalb auch von einer „Demokratisierung des Lyrischen“ gesprochen. Die Desillusionierung unseres Verhältnisses zur Weimarer Klassik kann nur in einer Sprache geschehen, die auch das lyrische Medium desillusioniert, d. h. der Merkmale des ‚hohen‘ klassischen Gedichts entkleidet.
Am Ende wird auf Sprache verzichtet; die Lyrik – soweit davon noch die Rede sein kann – überschreitet die Grenze zur bildenden Kunst. In der konkreten Poesie nämlich wird das zeitliche Nacheinander sprachlicher Äußerung z. B. ins Figürliche aufgelöst, wie es Eugen Gomringer (geb. 1925) hier 1960 gemacht hat:

das schwarze geheimnis
ist   hier
hier   ist
das schwarze geheimnis

Gomringer hat den Begriff ‚konkret‘ von der Malerei übernommen. Dort ist damit gemeint, daß das Bild keine Anlehnung an die Natur enthalten darf, vielmehr nur mit Flächen und Farben gestaltet wird, die nichts anderes als nur sich selbst bedeuten. Wirklichkeit wird also im Text nicht dargestellt, sondern hergestellt. Die Wörter treten durch ihre gemeinsame materiale Anwesenheit auf der Fläche miteinander in Beziehung. Das Farbwort „schwarz“ bezieht sich auf die Druckerschwärze, so daß die einzige Aussage in der Banalität besteht, daß da etwas gedruckt steht.

„Wir spüren, ahnen und wissen, daß wir uns mit der realität nur dadurch unterhalten können, indem wir selber realität herstellen, eine eigene künstlerische realität, um – ich betone es nochmals – um die realität besser zu verstehen ...“ (Eugen Gomringer am 12. 2. 1960 in München, Lenbach-Haus)

Übersicht über die Lyrik der Moderne:
(1) Eine Unterteilung nach Epochen endet meist mit dem Expressionismus. Alles, was dann kommt, ist ‚Lyrik der Gegenwart‘, geordnet nach Autorengruppen (z. B. ‚Exillyrik‘, ‚DDR-Lyrik‘, ‚Neue Subjektivität‘ usw.).

*„Unsre Welt ist nicht mehr klassisch,
Unsre Welt ist nicht romantisch,
Unsre Welt ist nur modern.“ (Arno Holz)*

Naturalismus (ca. 1880–1900): Gewöhnlich setzt man den Beginn der Moderne im Naturalismus an, weil in dieser literarischen Bewegung ein Programm der modernen Lyrik verkündet wurde. Dieses Programm umfaßte vier Punkte:

- Die Dichtung soll wieder an das reale Leben anknüpfen und ihm dienen.
- Die Dichtung soll für das kulturelle Leben eine führende Rolle spielen.
- Sie soll von einer Kritik an der zeitgenössischen Gesellschaft und ihrer Kultur ausgehen.
- Sie soll die Probleme der unterdrückten Volksschichten darstellen.

Arno Holz (1863–1929), der bekannteste Vertreter des Naturalismus, hat dieses Programm in dem folgenden Vierzeiler zusammengefaßt:

Kein rückwärts schauender Prophet,
geblendet durch unfaßliche Idole,
modern sei der Poet,
modern vom Scheitel bis zur Sohle!

Jahrhundertwende (ca. 1900–1910): Unter diesem Begriff faßt man eine Reihe von Lyrikern zusammen, die den Optimismus der Naturalisten nicht teilen, sondern an den Möglichkeiten der Lyrik zweifeln: Stefan George, Hugo von Hofmannsthal, Rainer Maria Rilke. Sie versuchen noch einmal, in ihren Gedichten eine Gegenwelt gegen den Verfall der Werte und Formen aufzubauen, den sie um sich herum feststellen. In dem ‚Brief des Lord Chandos‘ hat Hofmannsthal 1902 das Auseinanderfallen von Welt und Sprache mit klinischer Präzision beschrieben:

„Es gelang mir nicht mehr, (die Menschen und ihre Handlungen) mit dem vereinfachten Blick der Gewohnheit zu erfassen. Es zerfiel mir alles in Teile, die Teile wieder in Teile, und nichts mehr ließ sich mit einem Begriff umspannen ...“

Der Begriff des ‚Expressionismus‘ wurde zum ersten Mal 1901 in Paris benutzt, um den Stil einiger ausgestellter Gemälde zu charakterisieren. 1911 wurden auf einer Ausstellung der Berliner Sezession Bilder von Braque, Vlaminck, Picasso u. a. damit bezeichnet.

Expressionismus (ca. 1910–1925): Der eigentliche Traditionsbruch, nach dem nichts mehr so war wie früher, geschah mit dem Expressionismus, der keine ‚Epoche‘ darstellt, sondern eine Reihe von „Jugendbewegungen, in denen eine neue Generation das Bestehende als verrot tet und untergangsreif erkennt und aufbricht zum ganz Anderen – was immer das sein mag“. Innerhalb dieser Bewegungen, die sich etwa von 1910 bis 1925 hinziehen, verdeutlicht besonders der ‚Dadaismus‘ eine Tendenz, die bis in die Gegenwart reicht: Mit ihren ‚Klang- und Lautgedichten', die Hugo Ball (1886–1927), Hans Arp (1887–1966) u. a. mitten im Ersten Weltkrieg im Züricher ‚Cabaret Voltaire' vortrugen, wollten sie die Konvention dadurch überwinden, daß sie den Leuten zeigten, wie man auf die ‚verdorbene' Sprache verzichten könne und dennoch nicht zu schweigen brauche. Der Expressionismus war die erste literarische Bewegung, in der die Ablehnung der Tradition und das Zerbrechen der Formen zur Massenerscheinung wurden. Die Erfahrung des Chaos teilten die Dichter miteinander.

Kurt Pinthus (1886–1975) hat mit seiner ‚Menschheitsdämmerung. Symphonie jüngster Dichtung' (zuerst 1919) die bedeutendste und wirksamste Sammlung expressionistischer Lyrik herausgegeben. Neuauflage Reinbek bei Hamburg: Rowohlt 1959

„Der Zerfall der alten Wirklichkeiten und der alten poetischen Konventionen schuf ... eine neue Freiheit. Jeder Dichter mußte fortan entscheiden, was er mit dieser Freiheit anfangen wollte. Seit dem Expressionismus gibt es keine Norm mehr in der Lyrik, die man verletzen könnte, um zu schockieren oder auf neue Erfahrungen aufmerksam zu machen. Er hat alle Normen zerbrochen und damit eine völlig neue Situation geschaffen. Binnenliterarische Verfremdung ist unmöglich geworden, da alles möglich geworden ist ...“ (Karl Eibl in: W. Hinderer (Hg.): Geschichte der deutschen Lyrik, Stuttgart: Reclam 1983, S. 437)

(2) Bei allen Veränderungen zeigt sich auch eine Kontinuität in der Geschichte der Lyrik. Nach wie vor werden Zustände „empfunden und von einem ‚Ich' (in Gedichtform) ausgesprochen“. Solche Zustände können bedingt sein durch:

- Erfahrung der natürlichen Umwelt und unserer Beziehung zu ihr: Naturlyrik,
- Erlebnis einer Zweierbeziehung: Liebeslyrik,
- Nachdenken über den Menschen und die Welt: Gedankenlyrik,
- Ausdruck des Betroffenseins durch ein Ereignis oder bestimmte Verhältnisse: Erlebnislyrik,
- Betrachtung der durchschnittlichen Wirklichkeit und der Menschen in ihr: Alltagslyrik,
- Bedürfnis, zu gesellschaftlichen Problemen und Mißständen Stellung zu beziehen und auf Veränderung hinzuwirken: Politische Lyrik,
- Selbstreflexion des Dichters: Gedichte über Lyrik usw.

Was die Formen angeht, in denen sich das ‚lyrische Ich' über diese Themen äußert, so hat die neue Freiheit, die der Traditionsbruch des Expressionismus gebracht hatte, – ähnlich dem kulturellen und weltanschaulichen Pluralismus, der jetzt in der ganzen Gesellschaft herrscht – zu

Nach dem Zweiten Weltkrieg konnte man zwei Richtungen unterscheiden, die sich um die beiden ‚Väter' der Gegenwartslyrik herum gruppierten; Gottfried Benn vertrat dabei die ‚hermetische Lyrik', Bertolt Brecht, der in seiner Alterslyrik immer mehr den ‚lakonischen' Stil bevorzugte, vertrat eine Dichtung, die sich mit der alltäglichen Realität beschäftigt. (Vgl. Walter Helmut Fritz: Das Problem der Lakonie im zeitgenössischen Gedicht, in: Lothar Jordan u. a. (Hg.): Lyrik von allen Seiten, a.a.O. S. 259–263

einer Vielfalt des lyrischen Schaffens geführt. Um sich in ihr zu orientieren, kann man drei Elemente unterscheiden, die in jeweils verschiedener Mischung auftreten:

- Formen und Motive, in denen die lyrische Tradition weiterlebt, wie sie sich vor dem Eintritt der Moderne dargestellt hat,
- Merkmale der Form, des Stils und der Bildlichkeit, die aus der Zeit des Umbruchs, vor allem aus dem Expressionismus, herrühren, und
- Eigenschaften der Form, der Sprache und des Ausdrucks, die im literaturgeschichtlichen Prozeß neu hinzukommen, weil sich die Erfahrungen der Menschen geändert haben, neue Kommunikationsweisen entstanden sind (z. B. Lyrik-Festivals) o. ä.

Epochen deutscher Lyrik

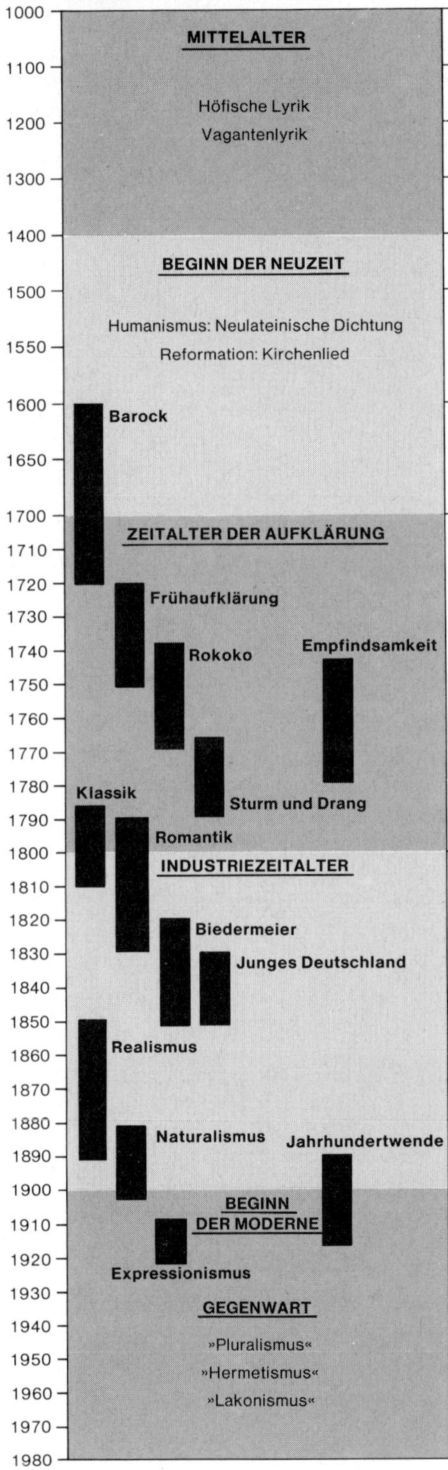

1096 Beginn der Kreuzzüge: Einfluß der islamischen Kultur

1122 Wormser Konkordat: Beginn des Territorialfürstentums

Im 13. Jahrhundert Städtebünde und Beginn der Geldwirtschaft

Im 14. Jahrhundert Beginn der Renaissance in Italien
1348 Pest in Europa

Im 15. Jahrhundert Buchdruck, Entdeckung Amerikas, Ende von Byzanz

1517 Beginn der Reformation, Aufstand der Reichsritter, Bauernkriege, Wiedertäuferbewegung, Beginn des Absolutismus

1618-1648 Dreißigjähriger Krieg, Aufstieg der Naturwissenschaften
1661 Ludwig XIV. König
1683 Die Türken vor Wien

1701 Preußen wird Königreich
1740 Friedrich II. König von Preußen, Maria Theresia Kaiserin
1756-1763 Siebenjähriger Krieg
1776 Unabhängigkeitserklärung der Vereinigten Staaten
1782 Erfindung der Dampfmaschine,
1785 des mechanischen Webstuhls
1789 Französische Revolution
1799 Erfindung der Papiermaschine

1812 Erfindung der Schnellpresse für den Buchdruck
1815 Wiener Kongreß
1830 Julirevolution in Paris
1832 Demagogenverfolgungen
1835 Eisenbahn Nürnberg-Fürth
1848 Märzrevolution in Berlin
1863 Allgemeiner Deutscher Arbeiterverein
1867 Schreibmaschine
1870/71 Deutsch-französischer Krieg: Reichsgründung
1883 Daimler Benzinmotor: Auto
1887 Schallplatte

1900 24 Großstädte in Deutschland (1800 2 Großstädte)
1914-1918 Erster Weltkrieg
1919-1933 Weimarer Republik
1933 Nationalsozialistische Machtergreifung
1939-1945 Zweiter Weltkrieg
1949 Bundesrepublik Deutschland
1968 Studentenbewegung
1973 Grundvertrag mit der DDR, Energiekrise

Weiterführende Literatur

Heinz Ludwig Arnold, Volker Sinemus (Hg.): Grundzüge der Literatur- und Sprachwissenschaft, Band 1: Literaturwissenschaft, dtv WR 4226, München: Deutscher Taschenbuch Verlag, 4. Aufl. 1976 (darin: Bernhard Asmuth: Klang – Metrum – Rhythmus S. 208–277 und: Gedichte S. 274–285)

Bernhard Asmuth: Aspekte der Lyrik, Reihe ‚Grundstudium Literaturwissenschaft' 6, 6. Aufl., Opladen: Westdeutscher Verlag 1981

Otto F. Best: Handbuch literarischer Fachbegriffe. Definitionen und Beispiele, überarbeitete und erweiterte Ausgabe, Fischer Taschenbuch 6478, Frankfurt a. M. 1983

Ivo Braak: Poetik in Stichworten. Literaturwissenschaftliche Grundbegriffe, 6., überarbeitete und erweiterte Auflage, Kiel: Hirt 1980

Helmut Brackert, Eberhard Lämmert:

- Funk-Kolleg Literatur 1, Fischer Taschenbuch 6326, Frankfurt am Main 1982
- Funk-Kolleg Literatur 2, Fischer Taschenbuch 6327, Frankfurt am Main 1981
- Reader zum Funk-Kolleg Literatur 1, Fischer Taschenbuch 6324, Frankfurt am Main 1976
- Reader zum Funk-Kolleg Literatur 2, Fischer Taschenbuch 6325, Frankfurt am Main 1977

Manfred Brauneck (Hg.): Autorenlexikon deutschsprachiger Literatur des 20. Jahrhunderts, rororo-Handbuch 6302, Reinbek bei Hamburg: Rowohlt 1984

Herbert A. und Elisabeth Frenzel: Daten deutscher Dichtung. Chronologischer Abriß der deutschen Literaturgeschichte

- Band 1: Von den Anfängen bis zum Jungen Deutschland, dtv 3003, 19. Aufl., München: Deutscher Taschenbuch Verlag 1981
- Band 2: Vom Realismus bis zur Gegenwart, dtv 3004, 20. Aufl., München: Deutscher Taschenbuch Verlag 1982

Gedichte und Interpretationen 6 Bände

Band 1: Renaissance und Barock (hg. v. Volker Meid),

Reclam UB 7890, Stuttgart 1982
Band 2: Aufklärung und Sturm und Drang (hg. v. Karl Richter), Reclam UB 7891, Stuttgart 1983
Band 3: Klassik und Romantik (hg. v. Wulf Segebrecht), Reclam UB 7892, Stuttgart 1984
Band 4: Vom Biedermeier zum Bürgerlichen Realismus (hg. v. Günter Häntzschel), Reclam UB 7893, Stuttgart 1983
Band 5: Vom Naturalismus bis zur Jahrhundertmitte (hg. v. Harald Hartung), Reclam UB 7894, Stuttgart 1983
Band 6: Gegenwart (hg. v. Walter Hinck), Reclam UB 7895, Stuttgart 1982

Käte Hamburger: Die Logik der Dichtung, Ungekürzte Ausgabe nach der 3. Auflage 1977, Klett-Cotta im Ullstein Taschenbuch 39007, Berlin 1980

Jan Hans u.a. (Hg.): Lyrikkatalog Bundesrepublik. Gedichte – Biographien – Statements, Goldmann Taschenbuch 7017, München 1978

Walter Hinderer (Hg.): Geschichte der deutschen Lyrik vom Mittelalter bis zur Gegenwart, Stuttgart: Reclam 1983

Lothar Jordan u.a. (Hg.): Lyrik – von allen Seiten. Gedichte und Aufsätze des ersten Lyrikertreffens in Münster, Collection S. Fischer Band 20, Frankfurt am Main 1981

Walter Killy: Elemente der Lyrik, dtv 4417, München: Deutscher Taschenbuch Verlag 1983

Walter Killy: Wandlungen des lyrischen Bildes, Kleine Vandenhoeck-Reihe 1022, 7. Aufl., Göttingen 1983

Otto Knörrich: Die deutsche Lyrik der Gegenwart, Kröners Taschenausgabe Band 401, 2. Aufl., Stuttgart 1978

Otto Knörrich (Hg.): Formen der Literatur in Einzeldarstellungen, Kröners Taschenausgabe Band 478, Stuttgart 1981

Otto Knörrich (Hg.): Lyrik, Reihe ‚Studientexte für die Kollegstufe', München: Oldenbourg 1979

Gerhard Köpf (Hg.): Neun Kapitel Lyrik, Paderborn: Schöningh 1984

Lesebuch A 11 Lyrik, bearb. v. Ursula Heise u. a., Stuttgart: Klett 1969

Lesebuch A 11 Lyrik. Lehrerheft, bearb. v. Ursula Heise u. a., Stuttgart: Klett 1970

Hans Werner Ludwig: Arbeitsbuch Lyrikanalyse, Reihe ‚Literaturwissenschaft im Grundstudium' 3, 2. Aufl., Tübingen: Gunter Narr 1981

Norbert Mecklenburg (Hg.): Naturlyrik und Gesellschaft, Reihe ‚Literaturwissenschaft und Gesellschaftswissenschaft' 31, Stuttgart: Klett-Cotta 1977

Horst Dieter Schlosser: dtv-Atlas zur deutschen Literatur. Tafeln und Texte, dtv 3219, München: Deutscher Taschenbuch Verlag 1983

Günther und Irmgard Schweikle (Hg.): Metzler Literatur Lexikon. Stichwörter zur Weltliteratur, Stuttgart 1984

Manfred Seidler: Moderne Lyrik im Deutschunterricht, 5. Aufl., Frankfurt am Main: Hirschgraben 1975

Karl Stocker (Hg.): Literatur der Moderne im Deutschunterricht, Königstein/Ts.: Scriptor 1982 (darin: Winfried Pilow, Die Schrift der modernen Lyrik S. 152–191)

Gero von Wilpert: Sachwörterbuch der Literatur, Kröners Taschenausgabe Band 231, 6. verbesserte und erweiterte Auflage, Stuttgart 1979

Michael Zeller: Gedichte haben Zeit. Aufriß einer zeitgenössischen Poetik, Reihe ‚Literaturwissenschaft und Gesellschaftswissenschaft' 57, Stuttgart: Klett 1982

Viktor Žmegač, Zdenko Škreb, Ljerka Sekulić: Geschichte der deutschen Literatur. Von den Anfängen bis zur Gegenwart, Königstein/Ts.: Scriptor 1981

Stichwortverzeichnis

Autorenverzeichnis

Wir danken den folgenden Verlagen für die Genehmigung des Abdrucks:

S. 10: Bertolt Brecht, An die Nachgeborenen
In: Brecht, Gesammelte Werke. © Suhrkamp Verlag: Frankfurt am Main 1967

S. 13: Ernst Jandl, perfektion
In: Sprechblasen 1968. Jandl, Gesammelte Werke. © Hermann Luchterhand Verlag: Darmstadt und Neuwied 1985

S. 23 + 25: Karl Krolow, Neues Wesen / Gedicht
In: Krolow, Alltägliche Gedichte. © Suhrkamp Verlag: Frankfurt am Main 1968, S. 16 u. S. 76

S. 24: Hans Christoph Buch
Klappentext von Tintenfisch 12. Thema Natur, Quartheft 87. Wagenbach Verlag: Berlin 1977

S. 24: Paul Celan, Sommerbericht
In: Celan, Sprachgitter. © Suhrkamp Verlag: Frankfurt am Main 1959

S. 25: Heinz Piontek, Glasklar
In: Piontek, Klartext. Hoffmann und Campe: Hamburg 1966, S. 84

S. 29: Ludwig Fels, Natur
In: Fels, Ernüchterung. Verlag Klaus G. Renner: München 1975

S. 30: Elisabeth Borchers, Nachträglicher Abschied
In: Gedichte. © Suhrkamp Verlag: Frankfurt am Main 1976

S. 36: Bertolt Brecht, Rudern, Gespräche
In: Brecht, Gesammelte Werke. © Suhrkamp Verlag: Frankfurt am Main 1967

S. 38: Wassily Kandinsky, Immer zusammen
In: Kandinsky, Anthologie der Abseitigen. Benteli Verlag: Bern 1946

S. 47: Christa Reinig, Robinson
In: Reinig, Sämtliche Gedichte. Eremiten-Presse: Düsseldorf 1974, S. 18

S. 54: Georg Trakl, Verfall
In: Trakl, Dichtungen und Briefe. Otto Müller Verlag: Salzburg 1971

S. 65: Karl Krolow: Robinson
In: Krolow, Ausgewählte Gedichte. © Suhrkamp Verlag: Frankfurt am Main 1962, S. 76

S. 68: Karin Kiwus, Fragile
In: Ausgenommen später. Gedichte. © Suhrkamp Verlag: Frankfurt am Main 1979

S. 73: Jürgen Becker, Naturgedicht
In: Das Ende der Landschaftsmalerei. © Suhrkamp Verlag: Frankfurt am Main 1974

S. 75: Manfred Hausin, Erkenntnis
In: Joachim Fuhrmann (Hrsg.). Tagtäglich. Gedichte. Rowohlt Verlag: Reinbek 1976, S. 113

S. 78: Julie Schrader, Das Veilchen
In: Berndt W. Wessling (Hrsg.), Wenn ich liebe, seh ich Sterne. Gedichte der Julie Schrader (1881–1939), Hoffmann u. Campe Verlag, Hamburg

S. 90: Hilde Domin, Herbst
In: Domin, Nur eine Rose als Stütze. S. Fischer Verlag: Frankfurt am Main 1968

S. 91: Eugen Roth, Der Salto
In: Roth, Mensch und Unmensch. Carl Hanser Verlag: München 1955

S. 100: Ernst Jandl, lichtung
In: Laut und Luise. Jandl, Gesammelte Werke. © Hermann Luchterhand Verlag: Darmstadt und Neuwied 1985

S. 104 + 106: Walther von der Vogelweide
Die Lieder Mittelhochdeutsch und in neuhochdeutscher Prosa. Mit einer Einführung in die Lieder Walthers. Hrsg. und übertragen von Friedrich Maurer. UTB Uni Taschenbücher 167, Fink Verlag: München 1972

S. 105: Floret silva
In: Carmina Burana, Die Lieder der Benediktbeurer Handschrift. Artemis Verlag: Zürich 1974

S. 136: Alfred Lichtenstein, Dämmerung
In: Lichtenstein, Gesammelte Gedichte. © 1962 by Verlags AG Die Arche, Zürich

S. 138: Hugo Ball, Wolken
In: Ball, Gesammelte Gedichte. © 1963 by Verlags AG Die Arche, Zürich

S. 139: Ingeborg Bachmann, Die Anrufung des Großen Bären
In: Gesammelte Werke Band I, S. 95. R. Piper & Co. Verlag: München 1978

S. 141: Paul Celan, Schibboleth
In: Celan, Von Schwelle zu Schwelle. Deutsche Verlags-Anstalt: Stuttgart 1955, S. 55f.

S. 144: Heinz Piontek, Um 1800
In: Piontek, Früh im September. Franz Schneekluth Verlag: München 1982